书山有路勤为径，优质资源伴你行
注册世纪波学院会员，享精品图书增值服务

AGILE TALENT MANAGEMENT

敏捷人才管理

徐晓霞 —— 著

电子工业出版社
Publishing House of Electronics Industry
北京·BEIJING

图书在版编目（CIP）数据

敏捷人才管理 /徐晓霞著. —北京：电子工业出版社，2021.1

ISBN 978-7-121-40458-0

Ⅰ．①敏… Ⅱ．①徐… Ⅲ．①企业管理—人才管理 Ⅳ．①F272.92

中国版本图书馆 CIP 数据核字（2021）第 007910 号

责任编辑：吴亚芬　　　　　　特约编辑：田学清
印　　刷：三河市鑫金马印装有限公司
装　　订：三河市鑫金马印装有限公司
出版发行：电子工业出版社
　　　　　北京市海淀区万寿路 173 信箱　　　邮编：100036
开　　本：720×1000　　1/16　　印张：13.75　　字数：211.2 千字
版　　次：2021 年 1 月第 1 版
印　　次：2021 年 1 月第 1 次印刷
定　　价：68.00 元

凡所购买电子工业出版社图书有缺损问题，请向购买书店调换。若书店售缺，请与本社发行部联系，联系及邮购电话：（010）88254888，88258888。

质量投诉请发邮件至 zlts@phei.com.cn，盗版侵权举报请发邮件到 dbqq@phei.com.cn。

本书咨询联系方式：（010）88254199，sjb@phei.com.cn。

前　　言

数字化时代需要打造敏捷组织和敏捷人才

企业成功=战略×组织效能

本书不仅是人力资源及组织发展专业人士需要的工具书及实操宝典，也是业务高管布局组织、配置人力时的专业参考书。数字化时代，业务负责人比以往任何时候更需要懂得如何运作组织，因为没有组织支撑的战略就是空谈，而如何提升组织效能、确保战略的达成已经成为业务高管必须面对的问题。因而我们说："业务高管一定是组织运作的高手。"

数字化必将带来 VUCA

1951 年，诺贝尔奖获得者、物理学家阿尔伯特·爱因斯坦在普林斯顿大学教书。他刚给物理学专业的学生考完试，手里拿着学生的试卷，和他的助教一起走在回办公室的路上。

这个助教在 20 世纪最伟大的物理学家面前有点害羞，他问道："爱因斯坦博士，您给这个班的学生出的考试题和去年的一样吗？"

爱因斯坦想了一会儿回答："是的，考试题和去年的是一样的！"

助教迟疑地问道："但是，爱因斯坦博士，您怎么能给同一个班的学生连续两年出一样的考试题呢？"

爱因斯坦回答："可是，答案变了！"

哪怕是同样的问题，当面对不同的外在环境时，答案已经改变了。

在给出答案之前，我们一起来看看我们面临什么样的外在环境吧！

几乎所有人都有着相同的感受：过去许多行之有效的方法和经验突然变得不那么有效了。为什么会有这样的感受呢？

因为我们已经进入数字化时代。数字化最深远的影响就是让信息网络变得更复杂，由此带来更多的易变性（Volatility，V）、不确定性（Uncertainty，U）、复杂性（Complexity，C）和模糊性（Ambiguity，A）。在数字化时代不可预知的两大变量为技术和人性，这两大变量决定了组织和人才管理的底层逻辑。以下具体介绍这两大变量。

1. 技术

我们可以用 A、B、C、D、E 来总结颠覆行业的五类关键技术：A 指人工智能，B 指区块链，C 指云计算，D 指大数据，E 指新能源。技术带来的最大影响是让行业的跨界打劫和降维攻击成为常态。跨界打劫就是我们经常说的"消灭你的从来不是你本行业的竞争对手，而是来自跨行业的入侵"，然而最可怕的还不仅限于此，在商业环境中让我们无法预料的其实是降维攻击。"降维攻击"这个词来自科幻小说，文中提道：如果进击来自另一个你完全想象不到的高维空间，那么针对这种进击，你的一切常规反击手段都会全部失效。如同这句话"毁灭你，与你何干？"——虽然我从来没有特别针对你，但不知不觉中你就消失了，就像外卖替代了方便面、手机替代了照相机、电商替代了传统实体店。

总而言之，技术的快速发展给企业带来了巨大转变，从根本上改变了商业模式，让产品服务和解决方案更快迭代，随之而来的是客户体验被重新定义。由此可见，技术带来的企业颠覆性的改变，真是"刀刀要人命"。

2. 人性

人们的价值观迭代越来越快，社会对于不同价值观的包容也让价值观的多元性凸显。我们的直观感受是：现在的新生代越来越令人难以理解，越来越难以沟通了——不知道他们在想什么，也不知道如何与他们沟通、如何激励他们。许多人在问："时代变了，价值观也改变了吗？"其实不然，价值观并没有因为年代不同而有本质上的不同。例如，从"60后"到"00后"都会认同"真善美"，都会热爱祖国、热爱工作、热爱生活。改变的是什么呢？是价值观展现的不同形式。这好比"70后"追电视明星，"90后"追流量明星，"00后"追"二次元"，其本质都是"追星"，只是形式改变了而已，社会的包容度更大了而已。

"70后"较理性，属实用主义者，愿意为他人着想，他们能为了家庭、企业和情感忍辱负重，活得不那么自我。"80后"偏向形式表达，有小资情结，并为更好的生活品质而奋斗，他们不介意真实地表达自己对于金钱的重视和渴望，并愿意为之付出努力和时间。当然他们需要得到同等的回报，他们活得比"70后"现实。其中，"85前"偏"70后"思维，"85后"偏"90后"思维。"90后"是一群为了自我而活着的人，更加自我与洒脱，渴望体现自我价值，不介意他人的眼光和看法，始终追求丰富、有趣、多元的人生体验。在一般观念中，人们认为"90后"应该更能理解并认同"00后"，但事实并非如此。"00后"是伴随网络一起成长的一代，可以说他们一出生就与虚幻的空间紧密相连，跨次元就是他们的生活状态。代际迭代带来如水一般的多元性和随性，让我们的世界呈现更为丰富多彩的状态。

综上所述，技术颠覆了原有的规则，让企业的机遇窗口期缩短、颠覆与被颠覆的概率大增；人性让整个社会的意识形态更为复杂和多元。而这两个变量加上全球地缘政治的不确定性，直接改变了企业经营的底层逻辑，从还原论走向了复杂性科学，由此也带来了组织、流程、管理和文化上的改变。

复杂性使组织生命周期缩短

组织生命周期指的是组织产生、成长和最终衰落的过程。数字化对于组织最大的冲击就是：极大地缩短了组织生命周期。相关调研数据显示，企业的生命周期从最初的平均40年缩短到平均14年。

企业生存面临更多的"死亡之谷"，诚如英特尔创始人安迪·格鲁夫在《只有偏执狂才能生存》一书中写道：

  在两座烟雾弥漫的山头间，企业就像必须同时攀登两座山巅的登山客，
  已经成功的企业，熟悉了一座山头，但必须向另一座山头奔去，

途中指标未明，新山之巅若隐若现，多久能到、如何能到皆无人能知。

此时，登山队伍往往在双峰间的山谷出现激烈争执，

有人要留守安逸与熟悉的旧地，有人偏要冒险向前，大家反复争论，

最终命丧"死亡之谷"。

上面这本书描述的就是：企业战略的转折点出现得越来越频繁，是留守旧地还是冒险向前，企业无法取舍、不断纠结，最终跨越"死亡之谷"的企业寥寥无几。

如何跨越"死亡之谷"：主营业务、成长业务、新兴业务快速迭代

企业如何延长生命周期，跨越"死亡之谷"？这对所有企业而言都是一个难题。如何在主营业务衰退前找到创新业务，并成功实现突破呢？这是企业亟待解决的问题。

依据第二曲线理论，我们可以这样思考：企业最好在主营业务（第一曲线）极限点到达前延展出无数多样性的业务曲线（第二曲线），能经由市场的选择成为创新点，并在主营业务衰退前，让创新业务的增长带来公司生命周期的延展，从而跨越"死亡之谷"。

企业在战略制定中需要考虑三个层面的业务布局思维，并让三个层面的业务模式同时并行，快速迭代。第一个层面：主营业务，也可以称为金牛业务，此业务虽然是公司现金流的来源，但增长潜力和利润空间在逐渐降低。第二个层面：成长业务，也可以称为明星业务，其特点是市场潜力大，且快速增长空间大，会逐步成为公司的另一个盈利主要来源。第三个层面：新兴业务，也可以称为种子业务，其特点是为未来孵化业务，可能成长为业务的增长点，但失败概率高。

三个层面迭代模型如图 0-1 所示。

第一个层面为主营业务（金牛业务）：
对企业近期业绩影响大，但增长潜力会逐步减弱

第二个层面为成长业务（明星业务）：
市场份额呈快速发展及潜力增长的趋势，需要不断增加投资并逐步替代主营业务

第三个层面为新兴业务（种子业务）：
为未来孵化业务，为企业持续发展找到未来增长点，但失败概率高

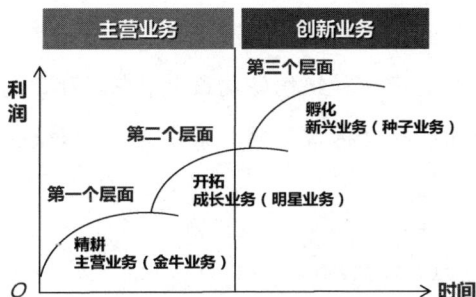

图 0-1　三个层面迭代模型

　　面对外界的不确定性，优秀企业常常同时布局三个层面的业务模式：主营业务、成长业务及新兴业务，这就给组织和团队成员带来了极大的挑战，因为组织不能只是单一模式和单一机制，需要更多创新形态，以更为灵活的方式去支撑不同的业务模式，适应不同业务模式的快速调整。同理，团队成员和组织一样，也面临着许多新挑战、新变化，他们需要尝试在不确定性中灵活应变、快速找到解决问题的方法。

　　任何一家企业的前行都需要两个轮子并行：一个轮子是业务模式迭代，另一个轮子是配合业务的组织和人才能力。对于主营业务而言，其相对成熟且有经验可循，因而业务能够带动组织跑一段，但快速增长会比较吃力，因为跑太快的话组织支撑不了；对于成长业务和新兴业务，两者的战略推动更依赖组织和人才能力的快速增长。只有组织和人才能力的轮子跟上甚至超越业务模式迭代的轮子，才能确保成长业务和新兴业务的存活和成长。

业务模式迭代需要更为敏捷的组织和人才

　　业务模式快速迭代对组织和人才的灵活支撑提出了很高的要求，而现实往往是当下的组织结构和人才能力可以适应原有业务，但无法有效支撑成长业务和新兴业务的成长和突破。如何让企业不断突破自我舒适区，善用有限资源灵活地应对变化，快速试错持续优化，且让组织在试错中始终能充满激情、充满活力，这就是本书重点讲述的敏捷组织和敏捷人才管理。

　　相较传统的组织结构（如金字塔型、矩阵型），数字化时代更为敏捷的

组织结构是项目型、阿米巴型、平台型、生态型（孵化型）。一家企业不一定只能有一种组织结构设计，在实际运行中，一家企业内部并行两到三种组织结构也是很常见的。最常见的四种核心组织结构如图0-2所示。

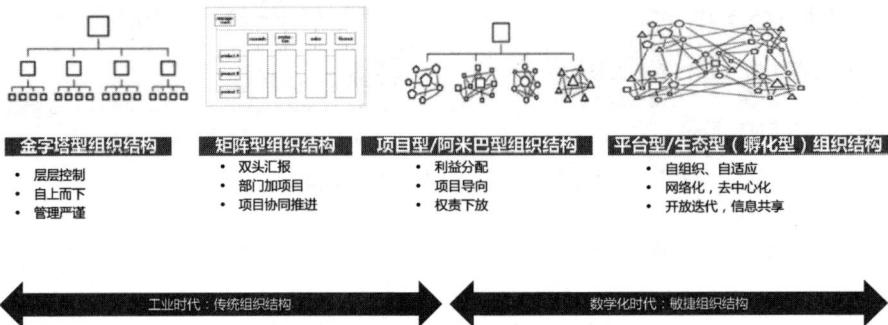

图0-2　最常见的四种核心组织结构

任何一种组织结构类型都没有绝对的好坏之分，而是各有利弊，关键要适合企业当下的具体情况和具体业务。不同组织结构的优势和劣势如表0-1所示。

表0-1　不同组织结构的优势和劣势

组织结构	优势	劣势
金字塔型组织结构	上传下达，权力相对集中，管理行为较为简单严谨，管控相对严格	组织结构不够灵活，人员的自驱力不足，无法及时、灵活地应对环境和业务
矩阵型组织结构	在维持原有部门体系平衡的同时，能够打破部门壁垒，加速关键项目的推动和创新突破	双头汇报造成当事人较难平衡两头，且汇报体系较为敏感，绩效考核标准制定较难
项目型/阿米巴型组织结构	机制灵活，能快速贴近并应对市场、客户和企业战略变化，权责下放、利益导向，组织和员工的动力及积极性较高	对内部协同和资源整合的要求高，容易出现重眼前而忽视长期布局的状况，以及对核心能力的打造缺乏耐心，内部竞争激烈，员工压力较大

续表

组 织 结 构	优 势	劣 势
平台型/生态型（孵化型）组织结构	自组织、自适应，企业的自驱力和适应性较强，创新迭代快，且能最大限度地整合内外部资源	对组织能力和员工能力的要求高，对员工的内驱力要求高，对企业的系统建设、数据管理的成熟度要求高

相对传统组织结构而言，敏捷组织结构有以下特点。

响应快、创新强：不仅能快速响应内外部变化、缩短决策周期，而且能即兴尝试不同的方法，而不是严格遵循计划。

小组织，有活力：用组织动态小队、部落等新方法，快速推动任务执行，并提供客户价值。

以人为本，以客户为中心：以体验和客户（包括员工）为中心。

数字化时代，敏捷组织是每家企业都很重视的，但其推动和落地有一定的难度。如何有效推动敏捷组织结构的落地？以下几个关键点值得重视。

- 价值管理和激励方案。
- 敏捷项目管理技巧。
- 资源分配机制和投入。
- 内部孵化机制。
- 敏捷文化及敏捷能力。

关于本书的写作目的及阅读建议

不知不觉，我在组织和人才发展领域从事咨询工作已经 20 年，见证了组织发展（Organizational Development，OD）和人才发展（Talent Development，TD）从"默默无声"到如今的"声名大噪"。

20 年间，作为第三方的顾问，我看到企业内无论是人力资源还是业务领导，为了提升组织和人力效能所做的种种努力和尝试，其中不乏值得学习和借鉴的成功的实践经验。同时，我也看到在此过程中企业走过的弯路，于是有了一个小愿望——让更多企业的管理者和专业人士拥有专业的 OD 和 TD 技术，让企业减少试错代价，更好地助力企业转型。

于是，我将自己 20 年的技术和经验梳理出来，撰写本书。我不仅将咨询公司专业的方法论和模型分享给大家，以协助企业管理者和专业人士成为内部顾问，还加入了大量实施中的工具表单，以确保本书的实用性。

本书从我多年实践形成的、且被上百家优秀企业认可的敏捷人才管理模型切入，所以即使某些章节内容较少，为保持模型使用的完整性，也单独成章。敏捷管理模型包含四个关键步骤：人才战略、快速建模、轻量盘点、业务推动。

本书分享了 20 年来我实施的上百个咨询真实案例，以及业内标杆企业的样本。本书是一本工具书，指导企业内部顾问一步步地推动项目进展，其中涵盖了流程、表格、范例及可以直接使用的资料。希望本书能给所有热爱组织发展和人才发展工作的伙伴们带来一些帮助。

目　录

第1章 数字化时代，企业需要组织再造和人才重构

在战略迭代过程中，企业面临的核心挑战是企业原有的组织结构和人才能力无法有效支撑企业的发展与突破，因而组织再造和人才重构成为战略转型的必由之路。近几年，各个行业的优秀企业都频繁地推动组织再造。2018 年 9 月 13 日，雷军发出内部邮件，宣布小米集团最新的组织架构调整和人事任命，这是小米成立以来最大的组织结构变革。2018 年马化腾在年度员工大会上提到腾讯需要更多 To B（面向企业）的能力；2018 年 9 月 30 日，腾讯宣布自 2012 年以来的组织架构大调整，将七大事业群重组为六大事业群。2018 年 8 月 2 日，西门子取消了现有的九个业务集团层级，下设三个运营公司和三个战略公司。2018 年 9 月，万科对外透露开始进行组织架构变革，撤销万科总部的全部部门设置，另成立三大中心。由此可见，组织再造和人才重构已经或必然会成为企业的主旋律。

1.1 组织再造：基于战略的组织设计

在组织设计的过程中，需要依据企业战略采用适配的组织结构：主营业务、成长业务和新兴业务因业务模式不同，其对应的组织结构也是不一样的，具体如图 1-1 所示。

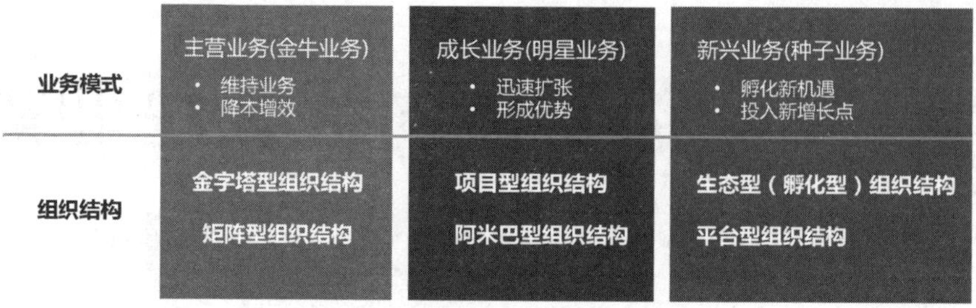

业务模式	主营业务(金牛业务) • 维持业务 • 降本增效	成长业务(明星业务) • 迅速扩张 • 形成优势	新兴业务(种子业务) • 孵化新机遇 • 投入新增长点
组织结构	**金字塔型组织结构** **矩阵型组织结构**	**项目型组织结构** **阿米巴型组织结构**	**生态型(孵化型)组织结构** **平台型组织结构**

图 1-1   战略迭代之组织设计模型

主营业务（金牛业务）：面临的普遍挑战是业务呈现下滑趋势，一般都处在红海市场，竞争激烈，利润逐年降低。此业务战略通常聚焦如何维持现有市场份额，并通过降本增效来保障合理的利润空间，因此金字塔型组织结构或矩阵型组织结构比较适合这种业务模式。相对而言，这两种组织结构对业务的管控力度较高，较利于精细化管理和成本管控，适合主营业务的模式，而矩阵型组织结构相对金字塔型组织结构更灵活些。

成长业务（明星业务）：成长业务的市场份额一般呈快速发展、未来持续增长的趋势，利润相对较高，并能逐步替代主营业务，但需要不断增加投资。此业务战略通常聚焦如何迅速扩张，持续提高市场占有率，进而形成核心竞争优势。项目型组织结构或阿米巴型组织结构比较适合此业务模式，因为这两种组织结构相对较灵活，能快速贴近并应对业务变化，且权责下放、利益导向，核心员工的动力和积极性较高，能激发优秀人才在新业务上的创新突破，适合成长业务的业务模式。如果企业激励方式相对保守，在市场环境压力不是太大的情况下，建议优先选择项目型组织结构；如果企业主营业务受到极大冲击，或者在体制上可接受员工突破原有激励体制，即部分人风险共担、利润共享，则可以采用阿米巴型组织结构。

新兴业务（种子业务）：新兴业务是企业孵化新机会的一种尝试，失败风险相对较高。企业通常会采用市场试点或联盟的方式，为企业持续发展找到未来增长点。针对此类业务模式，生态型（孵化型）或平台型的组织结构比较适合，因为这两种组织结构的特点是自组织、自适应，创新迭代快，能最大限度地激发个人及团队潜力，强调员工的自驱力和适应性，且能最大限度地整合内外部资源，高风险、高收益，让新业务孵化成功的概率大大提高。

也许有人会问：企业中可不可以有两种以上的组织结构同时并存呢？当然可以。只有依据不同的业务模式匹配不同的组织结构，才能从机制上确保业务模式的成功。如果业务模式改变了，或者企业已经有两种业务模式了，而我们仍然沿用原有的组织结构，那么新业务失败的概率会比较高。

1.2　人才重构：不同类型人才的重构

人才重构需要重构人才能力并融合不同类型的人，以确保为战略落地作人才支撑，而主营业务、成长业务和新兴业务因其业务特点不同，需配置不同类型的人才，从而更为有效地推动业务的达成。

从长期维度-核心价值和短期维度-经营收益两个维度来看，我们将人才类型划分为四类，具体如图 1-2 所示。

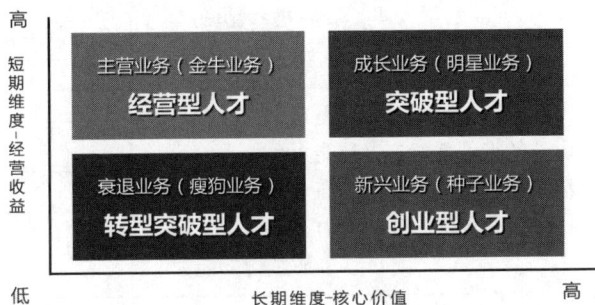

图 1-2　四类人才类型

主营业务（金牛业务）：需要经营型人才，即能将业务从 60 分提高到 100 分的人才。

成长业务（明星业务）：需要突破型人才，即能将业务从 1 分提高到 100 分的人才。

新兴业务（种子业务）：需要创业型人才，即能将业务从 0 分提高到 60 分的人才。

衰落业务（瘦狗业务）：需要转型突破型人才，即能将业务从 50 分以下重新拉回到 60 分以上的人才。此类人才类似于成长业务的突破型人才，只是成长业务为新业务突破，衰退业务为老业务突破。其人才特点与成长业务的人才特点趋同。

不同业务模式所适配的人才类型是不同的，哪怕是在同一家企业，也需要针对不同业务模式挑选适合的人才。一个员工在某个业务模式下做得好，并不代表他在另一种业务模式下也能达成高质量的产出。

既然不同业务模式匹配不同类型的人才，那么，如何精准判断哪种类型的人才比较适合呢？这就需要人们改变一下观念——不要试图去找一个各方面都完美的人，而要找适合本企业和本业务模式的人，即其能力优势匹配业务定位是最佳选择，同时，还要采用具有针对性的用人策略，让企业和员工获得双赢，且彼此相处愉快，从而达到事半功倍的效果。基于战略的用人策略如表 1-1 所示。

表 1-1　基于战略的用人策略

	经营型人才	转型突破型/ 突破型人才	创业型人才
能力画像	成熟的行业经验 精细化管理能力 持续优化能力	突破现状的动力和能力 商业敏感度和决策力 资源整合的能力	从无到有的创新能力 善于建立新商业模式 技术和商业整合的前瞻力
用人策略	以绩效评估、成本及风险管控为主 固定收入比重高	以价值评估为主 浮动收入比重高 允许"良性"失败	愿景及使命驱动 商业模式及价值评价 股权、期权等激励（高风险、高收益）

不同类型人才的用人策略是什么？

经营型人才：什么样的人会更适合成熟的主营业务呢？那些具备成熟行业经验、精细化管理能力的人，以及在流程和成本上具备持续优化能力的人。对于这类人才，用人策略偏向以绩效评估、成本及风险管控为主，以及在激励方式上以固定收入为主的管理方式，因为"守城"是这类人才的最大价值。

转型突破型/突破型人才：什么样的人会更适合快速发展的成长业务呢？那些愿意主动突破现状，具备很强的商业敏感度和决策力的人。这类人才能敏锐地发现机会并迅速做出决策，具备较强的借力使力、资源整合的能力，善于站在他人的肩膀上，而不是从零开始。因为成长业务的机会窗口通常很短，而且竞争对手也在迅速进入，谁能快速抓住风口谁就能赢。对于这类人才的用人策略，应该以价值评估为导向，加大浮动收入比重，允许有一定的试错代价。简而言之，就是只要你有能力我就敢给你更多机会、更多激励。

创业型人才：什么样的人会更适合新兴业务呢？那些能够从无到有建立商业模式的人，能敏锐预判未来技术和商业趋势的人，能突破常规创新思考的人。这样的人一定是自我驱动很强的一群人，不畏失败，敢于尝试，哪怕只有百分之一的成功机会。对他们而言，基于创新业务的价值评价、价值分配（如股权、期权等高风险、高收益的激励方式），都是比较有效的。不仅如此，愿景和使命也是支持他们坚持下去的内驱力。

总而言之，当今企业几乎都在启动企业转型变革，尝试不止一种商业模式的企业战略，那么，如何提高转型和新商业模式的成功概率？企业要在组织再造和人才重构上投入更多的精力。

第2章 组织再造和人才重构下的敏捷人才管理

"敏捷"一词最先应用在软件开发中，敏捷开发在速度、成本和动态响应客户需求上，明显优于传统开发模式，具体表现为更快的速度（开发和上线速度）、更低的成本（错误开发、修改和运维等成本），以及对于客户需求更灵活的响应。之后"敏捷"被广泛应用于企业经营的各个领域。当企业每天在纷繁复杂、快速变化的商业环境中谋求生存和发展的时候，整个组织不仅仅是软件开发需要"敏捷"，销售、研发、制造、人力资源等都需要"敏捷"。

战略决定组织，组织决定人才。当"敏捷"成为组织的战略选择时，相应地，人才管理必须"敏捷"起来。

那么，什么是敏捷人才管理呢？敏捷人才管理是指通过组织能力的快速迭代支持战略的达成。具体方案包括四步：第一步，制定人才战略；第二步，快速建立人才能力标准；第三步，盘点现有人才，找到支撑战略的人才能力差距；第四步，基于盘点数据采用针对性的人才解决方案，以推动业务的达成。这个过程不是固定不变的，也不是每一步都要完美才能往下进行的，而是一个持续优化的循环。敏捷人才管理模型如图2-1所示。

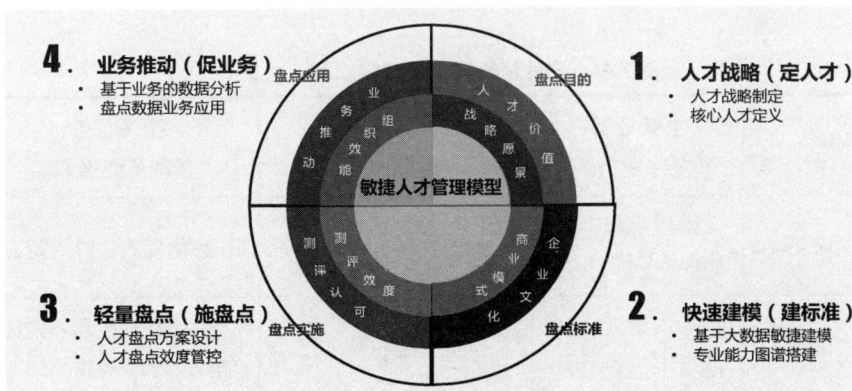

图 2-1　敏捷人才管理模型

2.1　敏捷人才管理第一步：人才战略（定人才）

根据 80/20 定律，真正对企业战略发展起到关键作用的是 20% 的关键人才，因此，只有聚焦企业优质资源到关键人才发展上，才能事半功倍。

2.1.1　人才战略制定

在制定人才战略时，需要先认真思考以下五个关键问题。

问题一：基于企业战略，眼前及未来的人才挑战是什么？

问题二：企业需要什么样的核心人才？核心人才的标准是什么？

问题三：如何打造企业的人才供应链，从而让人才源源不断？

问题四：如何激活组织并发展人才，从而让组织和人才的动力更强？

问题五：如何确保人才战略落地？人才推动计划和保障机制是什么？

在思考完成后，接下来，基于公司的实际业务模式，制定与之相符的组织和人才战略，形成对不同业务模式的有效支撑。

不同业务模式下的战略侧重点是不同的，由此带来了在组织战略上的灵活设计，以及基于不同组织战略的人才战略，如表 2-1 所示。

表 2-1　不同业务模式下的组织和人才战略

	主营业务 （金牛业务）	成长业务 （明星业务）	新兴业务 （种子业务）
战略重点	维持规模，控制成本	加速发展，增强价值	孵化模式，投入资源
组织战略	降本增效：精简组织	价值分配：阿米巴	创新激励机制：内部创业&外部兼并
人才战略	经营人才 强化效能 激发动力	激发创新 提拔高潜 优化激励	创业人才 孵化机制 创新激励

主营业务（金牛业务）：组织战略主要是降本增效，就主营业务而言，组织不宜进行太大幅度的颠覆和调整，建议通过组织的精简或优化，在维持现有体制的同时，不断降低成本。

成长业务（明星业务）：组织战略主要是价值分配，如推行阿米巴，组织可以拆分得小而敏捷。人才战略主要是激发整体组织的创新能力，敢于提拔并任用青年高潜人才，同时依据业务的发展，不断优化激励机制，量化价值并给予相对应的短期和长期激励。

新兴业务（种子业务）：组织战略主要是设计创新激励机制，如合伙人机制、虚拟分红、股权期权、项目跟投等，在客观条件允许的情况下，可以采用兼并收购、合资公司等方法加速新业务孵化，降低前期风险。人才战略主要是找对带头人，以提高孵化成功的概率。

现在市场上主流的长期激励机制及创新激励如下。

股权激励：分为权益型和现金型。权益型包含股票期权计划、限制性股票、员工持股计划等；现金型包含股票增值权、虚拟股票计划、利润分享计划等。典型企业如苹果、华为、谷歌等都采用以上激励方法。

创新激励：分为项目跟投、事业合伙人计划、内部创业激励机制。其中，项目跟投在房地产和金融行业使用得较普遍；事业合伙人计划包括内部创业合伙人和内部孵化合伙人。典型企业如万科、海尔、阿里巴巴等都采用以上激励方法。

任何一家企业的业务模式都是在不断发展的，　年前的新兴业务可能是现在的成长业务，今天的成长业务也许很快就会成为主营业务，因而整个业务模式的动态闭环很关键。相应地，组织和人才战略也随之变化，今年是成长业务需要储备一定的人才，也许两年后成为主营业务就需要精简人力了。以阿里巴巴为例，其主营业务如天猫，整体而言采用的组织战略是降本增效、精细运营，用人策略是强调人效、强调培养；其明星业务如阿里云，采用的组织战略是创新突破、价值激励，人才战略是强化招聘、提拔高潜人才；其种子业务如阿里健康，采用的组织战略是合作投资、架构生态，人才战略是选对领袖、共创价值。

在制定人才战略后，还需布局人才推动的系统工程。例如，组织的人才结构调整，是"三角型"还是"谷仓型"？人才占比如何配置？再如，人才获取方法，是控总量、调结构，还是提效率？是内部挖潜还是外部引入？此外，人才发展的结果如何衡量？内部的职业发展路径如何规划？内部人才市场如何建立？对此，要在通盘思考后做出人才战略的整体规划和实施路径。

2.1.2　核心人才定义

在清楚人才战略及人才发展思路后，就要以此为指导方针明确企业核心人才发展的优先顺序，聚焦资源，突破人才瓶颈。

人才四象限如图 2-2 所示，其依据市场稀缺性、战略关联性这两个维度将人才分为四类。市场稀缺性指的是市场上无法寻觅，或招聘难度大，或价格高，或当前急缺；战略关联性指的是对企业战略的达成贡献价值大。由此得出四类人才的定义。

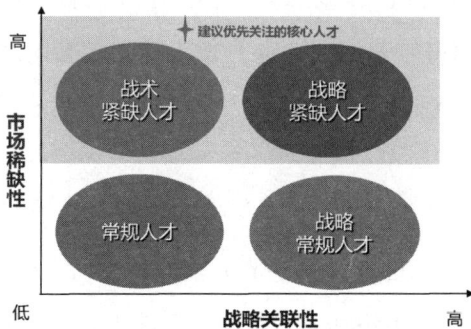

图 2-2　人才四象限

战略紧缺人才：对未来很重要，但对眼前业务的贡献不及对未来业务的贡献，市场上此类人才稀缺且不易培养。

战略常规人才：是未来战略需要的人才，市场上这类人才比较充裕，外部招聘和内部培养的代价都不大。

战术紧缺人才：是目前紧缺且对业务影响较大的人才，虽然未来不一定是企业重点发展方向需要的人才，但眼前很重要。

常规人才：是支持企业日常运作的常规人才，缺少了会有一些不顺畅，但对企业长期布局和短期业务的影响不大，在市场上，此类人才容易寻觅也容易培养。

基于以上这四类人才的定位，建议企业优先关注战略紧缺人才和战术紧缺人才的发展，因为这两类人才解决的是眼前活下去，以及未来活得更好的问题。企业也可视战略推动的紧迫程度、企业资金储备的充裕程度，重点倾斜其中的一类人才。在实际业务运作中，大部分企业的战略紧缺人才和战术紧缺人才为管理人才（领导团队）和专业人才这两大类人才。

管理人才（管理领军人才）：经营型、突破型、创业型管理人才都是需要重点关注的管理领军人才。不同类型的管理人才可以同时存在于一家企业。管理人才的三种类型如表 2-2 所示。

表 2-2　管理人才的三种类型

类　　型	业 务 特 点	人 才 特 点
经营型管理人才	第一层面为主营业务 对企业近期业绩影响大，但增长潜力会逐步减弱	具备维持现有核心业务，并持续降本增效的能力
突破型管理人才	第二层面为成长业务 市场份额呈快速发展及潜力增长的趋势，需要不断增加投资并逐步替代主营业务	具备突破成长业务，迅速扩张并形成企业新的业务增长点的能力
创业型管理人才	第三层面为新兴业务 对明天业务的孵化，选择市场试点或联盟，为企业持续发展找到未来增长点，但失败概率高	具备发现新机会，从零开始孵化并找到盈利的业务模式的能力

专业人才（专业领军人才）：未来的专业领军人才会集中在 STEM（Science，Technology，Engineering，and Mathematics），即科学、技术、工程和数学这四个领域，他们对于企业未来的持续竞争力至关重要，因为这些人才与创新、经济直接关联，能确保企业核心竞争力的持续增长。专业领军人才类型如表 2-3 所示。

表 2-3　专业领军人才类型

人才类型	从 事 行 业
科学人才	心理学家：从事与心理科学专业相关的工作并有成就的人 天文学家：以天体及天体运行规律为研究对象的著名人士 物理学家：探索、研究世界的组成与运行规律的科学家 生物学家：以生命为研究对象的成功人群 地质学家：研究形成地球的物质和地球构造，探讨地球的形成和发展，且成绩卓越的科学工作者 ……

续表

人才类型	从事行业
技术人才	计算机系统分析师：利用信息技术和业务知识，为客户设计更好的计算机系统和流程 软件开发工程师：从事软件开发相关工作的人员 计算机网络架构师：构建和维护各种数据通信网络，包括从广泛的云基础设施到较小的内部网 电气工程师：从事勘测、规划、设计、电力工程建筑、安装、调试、技术开发、实验研究、发供电运行、检修、修造、电网调度、用电管理、电力环保、电力自动化、技术管理等工作的电力专业工程技术人员 系统分析师：具有从事计算机应用系统的分析和设计工作能力及业务水平，能指导系统设计师和高级程序员的工作的人员 ……
工程人才	环境工程师：环境工程师通过其工程专业知识，努力防止、控制或修复任何对环境的危害 项目工程师：在各个领域的开发或控制类项目中负责技术操作、设计、管理、评估能力的人员 土木工程师：从事普通工业与民用建筑物、构筑物建造施工的设计、组织并监督施工的工程技术人员 ……
数学人才	统计学家：指使用数据做出决策的数学家 精算师：运用精算方法和技术解决经济问题的专业人士 人工智能工程师：主要从事算法研究，也称为算法工程师 ……

2.2　敏捷人才管理第二步：快速建模（建标准）

在人才战略制定后，我们需要知道企业要什么样的人，即建立人才能力标准，也称为"标杆画像""能力模型"。通俗地表达就是：首先确定什么样的人能在企业成为优秀员工及大家学习的榜样，然后比照标杆人员的画像去招人、发展人，让企业拥有高绩效员工的概率提高。

如何定义人才能力标准呢？仅仅用几个词汇描绘，如沟通能力、学习能力是远远不够的。这就如同帮女生介绍男朋友，问她对男生有什么要求，她说没有要求，感觉好就行，但这样的表达是很难找对象的，还不如提出具体要求：26～30 岁、985 院校毕业、身高 170 厘米以上、关心体贴女友、愿意上下班接送、愿意给女朋友烧菜做饭吃等。由此，我们就能理解人才能力标准不能仅仅停留在感觉上，更应聚焦在客观的行为上，即"说什么不重要，做了什么才是关键"。这就带来了一个问题，比照谁的行为去做？一般人群还是优秀人群？毋庸置疑，当然是优秀人群，因为向优秀者学习，可以提高人们变得更优秀的概率，比如说优秀员工总是习惯工作前做计划、总是对自己提出更高的要求等，我们按照这种具象且可观察的行为标准去选人和发展人，就相对容易了。

随之出现第二个问题：如何定义优秀员工？只要绩效好就是优秀员工吗？这是不够的，因为现在优秀不代表未来优秀，在一家企业表现优秀不代表在其他企业也表现优秀。由此可见，优秀员工不仅需要绩效好，还需要符合企业的战略发展方向、高度认同企业文化，即不仅现在对企业有绩效产出，还能助力企业未来发展。只要企业按照这个标准去选人，就不仅现在好用，而且未来也有价值。

数字化时代建立人才能力标准具有以下两个特点：特点一，建立人才能力标准的速度要快，之后通过迭代不断完善人才能力标准；特点二，建立专业能力图谱尤为重要，以应对技术的更新和跨界融合。

如何快速建立人才能力标准呢？从零开始一定是慢的，那么，能不能在已经成形的大数据基础上加快能力模型的搭建呢？答案是显而易见的，因为基于大数据的建模是敏捷且有效的。

2.2.1　基于大数据敏捷建模

快速建立人才能力标准最好的方法就是充分利用大数据，尤其善用优秀顾问公司已有的相对比较成熟的人才大数据，在此基础上快速搭建企业自己的能力模型。

2.2.1.1 主流建模技术及特点

业内有两大主流建模技术，即模组化技术及定锚技术。模组化技术是由人力资源及组织发展专家，基于大量企业实践案例研发而来的技术。此技术密切连接企业业务的调整，偏向战略及商业挑战推导，多被应用在企业的组织及人才发展领域。定锚技术由心理学家提出，而后在企业中应用，采用大量行为访谈，多在薪酬领域被广泛使用。两大主流建模技术各有利弊，适用于企业不同领域，具体如图 2-3 所示。

图 2-3　两大主流建模技术

相对而言，模组化技术更为敏捷和灵活，较适合 VUCA 时代小步快跑的特点，其优势如下：能力模型较为简单，易于理解和使用，结合愿景和战略的达成更具未来性；模型应用落地性强，易于落地在招聘、培训发展，以及辅导反馈等方面；模型对市场变化的适应性强，较容易调整；建模时间短，费用低，成效高。

模组化技术样本：不同层级对应不同能力，能力难度层层递进，如图 2-4、图 2-5 所示。

基	问题解决
中	创新解决
高	商业敏锐

基	效能管控
中	目标管理
高	业务规划

战略领导力　结果领导力

核心价值观

资源领导力　团队领导力

基	沟通影响
中	协同合作
高	资源整合

基	人员辅导
中	高绩效团队
高	组织/梯队发展

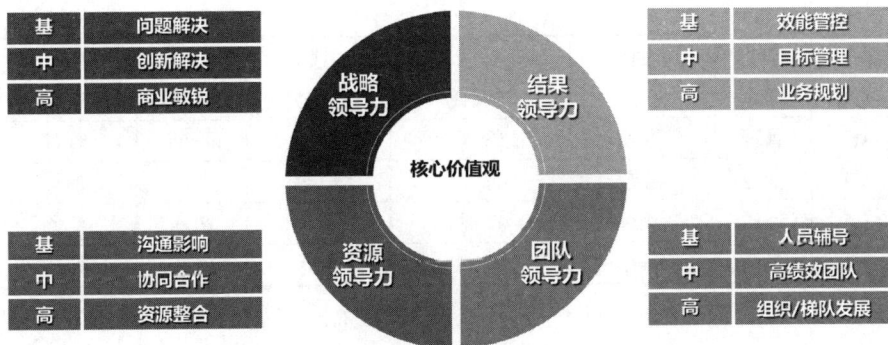

图 2-4　模组化技术样本 1——领导力"四力"模型

领导力路径图

关键绩效领域	高层	中层	基层
战略领导力	商业敏锐	创新解决	问题解决
结果领导力	业务规划	目标管理	效能管控
团队领导力	组织/梯队发展	高绩效团队	人员辅导
资源领导力	资源整合	协同合作	沟通影响

核心能力

理解尊重
勇于担当
精益求精
学习创新
诚信正直

图 2-5　模组化技术样本 2——领导力路径图

相对而言，定锚技术建模时间较长，行为访谈和提炼的数量相对较大，但模型更为精细和严谨，较适用于薪酬领域。

定锚技术样本：不同层级的能力是一致的，但对应的行为不同，行为难度层层递进。行为层级从低到高依次：熟练层、精通层、辅导层、管理层、策略层。定锚技术样本 1——不同层级对应不同的行为描述，如表 2-4 所示。

表 2-4　定锚技术样本 1——不同层级对应不同的行为描述

能力层级	专业知识	计划与组织	业务洞察与策略	沟通与影响力	团队合作	创新与突破
M4	策略	策略	策略	策略	策略	策略
M3	管理	策略	策略	策略	管理	管理

能力层级	专业知识	计划与组织	业务洞察与策略	沟通与影响力	团队合作	创新与突破
M2	管理	管理	管理	管理	管理	管理
M1	辅导	辅导	辅导	辅导	辅导	辅导
P4	精通	精通	精通	精通	精通	精通
P3	熟练	熟练	熟练	熟练	熟练	熟练

定锚技术样本 2——针对"团队合作"这个能力在不同层级上的行为描述如表 2-5 所示。

表 2-5 定锚技术样本 2——针对"团队合作"这个能力在不同层级上的行为描述

能力/等级	关 键 行 为
拓展	• 了解各职能部门成员角色和工作职责，并知道如何与之有效合作 • 了解各职能部门成员的工作内容或安排 • 跨部门建立和维护合作关系
展现	• 扩展内部网络，共同协作，满足客户需求，以实现部门目标 • 了解团队成员的工作要务和安排，创建双赢合作关系，并协同配合 • 了解跨部门合作方的角色及有效合作方式，从而有效地发挥团队协同效能
熟练	• 主动协助他人扩大其在公司的关系网，或者邀请相关成员参与某项合作机会的探讨或具体解决方案的实施 • 分享自己的认识和经验，帮助他人了解跨部门的角色定位，以及有效的合作方式 • 影响关系网络相关成员的决策，并采取有利于公司及客户目标达成的行动措施
优秀	• 为员工创造建立网络联盟的机会，让更多员工参与到项目或活动中来 • 扫除组织障碍协助达成目标 • 实施更为高效的资源分配 • 指导和分享最佳实践
领导力	• 营造敏捷协同的团队氛围 • 授权员工领导和管理跨团队的合作 • 推广更多资源整合策略及最佳实践达成公司目标 • 设定管理层期望和目标，推动企业文化的落地

2.2.1.2　能力模型分类

能力模型分成以下三类。

核心能力：基于企业愿景及价值观（文化）而产生的能力，适用于所有员工，如诚信、沟通等。一家企业不管多大都只有一套核心能力，直接连接其文化价值观。

专业能力：根据不同工作性质或部门工作要求所需的胜任岗位的能力，如销售能力、产品管理等。专业能力依据不同岗位的价值产出而被定义，有多少不同价值定位的角色就有多少套专业能力。

管理能力：带领团队的人需要具备管理能力，带领虚拟团队的人同样需要，如工作分配、授权辅导等。管理能力对一家企业而言只有一套，不会因为不同的部门而有所不同，只有基于不同管理层级的能力阶梯。

2.2.1.3　如何定义好的能力模型

也许有人会问：什么叫好的能力模型？以下几个通俗易懂的判断标准可以协助企业更快地做出判断。

一眼看穿法则：去掉公司名，可普遍适用于其他公司吗？如果每家企业都可以用同一套标准，说明这套模型没有自己企业的文化和商业模式特点。

阅读记忆法则：看完整组能力模型，能记住多少？如果非常复杂，难以记忆，业务部门不愿意使用，那么建立能力模型就没有意义了。

应用落地法则：听完说明，确信可以立即运用并落地到组织内部吗？如果不知道能力模型如何落地应用，那么能力模型就会变成挂在墙上的东西，而无法产生实际价值。

未来预见法则：从能力模型中，能看得到未来的商业模式及战略方向吗？如果能力标准没有对未来战略和商业模式的能力做准备，就会永远在"救火"，每天都在忙于补漏洞。常言说："人无远虑，必有近忧。"如果没有前置的能力预判，企业就会陷入应急性地培养人才，始终处于缺乏可用之人的窘境。

2.2.1.4 快速建模的关键——人才能力大数据库

在大数据时代，由于环境变化非常快，企业希望轻、快、好地建立人才能力标准，因而快速建模，且模型易用、易落地是一种趋势。建模既快又好的前提是要善用人才能力大数据库。

人才能力大数据库是基于大量企业案例研究而集成的优秀人才能力和行为指标库。企业可以在这些能力中，挑选适合自己企业文化和战略的能力词条。每个能力词条下都有对应的行为描述，让能力通过行为量化。

举例说明：敏捷学习

概述。敏锐快速地筛选信息，总结经验，快速迎接挑战的能力。

行为描述。

精准搜索信息：善于在海量的资料中快速搜寻并精准筛选信息。

快速获取经验：能够运用各种方法（如请教专家、借鉴标杆、参加培训课程）快速获取经验，并愿意为最佳的解决方案做各种尝试，缩短学习进程，加速成长。

归纳总结，举一反三：善于总结分析（如过往经验、趋势、新闻），从中找出规律，举一反三，加以实践。

快速应用，解决挑战：善于快速采用新方法改善工作成效，或者在未知工作上敢于面对挑战，解决问题。

举例说明：不明朗局面决策力

概述。在不明朗状态下，能从容地处理没有明确解决方案或预期结果的模糊问题，不会因为事情没有全部解决而驻足不前；保证较高工作效率和生产力，并基于趋势预判可能的商业机会和挑战，敏锐地抓住机会，制定战略和计划，确保企业战略目标达成。

行为描述。

不明朗局面下的从容应对：在不明朗局面下，能主动思考未来的可能性；当事情悬而未决时不会因此坐立不安，也不会对未来变化过度敏感，或者过度依赖既定战略路径。

不明朗局面下的行动推进：不会因为事情没有全部解决而驻足不前，也不会因为不了解全部情况就不采取行动；能基于预见的趋势或挑战，在不明朗局面下依然能够描绘出未来可能出现的情况并采取行动。

不明朗局面下的工作效率确保：在不明朗局面下，能保证较高的工作效率和生产力；能从容地处理风险和不确定性，灵活转变做事方式，有效地处理变化。

不明朗局面下的战略和计划制定：能够处理没有明确解决方案或预期结果的模糊战略性问题；能在快速变化及不明朗的局面下快速识别成功关键因素，提出令人信服、有竞争力和突破性的战略和计划。

好的人才能力大数据库需具备以下特点，才可以让企业应用便捷且建模质量高。一般来说，能力因素有多个不同维度，如图 2-6 所示。

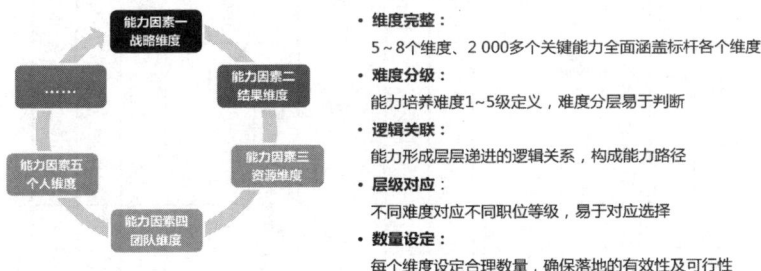

- **维度完整：**
  5～8个维度、2 000多个关键能力全面涵盖标杆各个维度
- **难度分级：**
  能力培养难度1～5级定义，难度分层易于判断
- **逻辑关联：**
  能力形成层层递进的逻辑关系，构成能力路径
- **层级对应：**
  不同难度对应不同职位等级，易于对应选择
- **数量设定：**
  每个维度设定合理数量，确保落地的有效性及可行性

图 2-6　能力因素

样本：管理能力大数据库

表 2-6 是基于大量标杆管理者的访谈，提炼共性，并依据不同培养难度结构化后的管理能力大数据库，可以协助企业内部专业人士在此基础上，快速搭建企业自己的领导力能力模型。

表 2-6 管理能力大数据库

能力维度		一线主管	一线主管/中层主管	一线主管/中层主管	中层主管/高阶主管	高阶主管
		能力难度				
		最容易（1）	较容易（2）	适度（3）	较难（4）	最难（5）
战略及创新	能力组 1：行业运作知识	专业知识掌握	学习知识应用			
战略及创新	能力组 2：问题分析与解决	—	逻辑思考	问题分析与解决	应对不明朗局面	策略敏锐度
战略及创新	能力组 3：商业敏锐及创新	—		创意思考	商业敏锐度	激发创新
战略及创新	能力组 4：战略推动能力	战略执行	战略推动		战略对接	战略制定
目标及流程	能力组 5：做事重点分明	时间管理	目标管理	项目管理		
目标及流程	能力组 6：优化流程管理	工作计划	流程制度管控	流程优化及管理	流程制度化（流程设计）	—
组织及运作	能力组 7：组织沟通及资源	人际敏感度	影响力	跨部门合作		政治智慧
组织及运作	能力组 7：组织沟通及资源		资源分配优化（沟通）	资源协同	合作联盟	驱动变革
团队	能力组 8：团队激励及发展	个人效能	激励他人	冲突管理	建立高效团队	愿景领导
团队	能力组 8：团队激励及发展		授权他人	人员辅导及发展	人才战略	领导多元
个性特质	能力组 9：责任及承担	行动导向，客户导向，坚韧不拔，勇于承担，乐观激情，企业家精神，领导魅力				
个性特质	能力组 10：诚信正直	正直诚信，组织正能量				

人才能力大数据库依据经典的冰山模型，将能力分别归属在冰山的不同层面，如图 2-7 所示。而这也就意味着：能力具备不同的可识别性、可培养性和可改变性。

图 2-7　能力的冰山模型

能力的冰山模型从上往下的能力分类说明

知识资历层：与专业/知识、资历/认证、经验/历练有关的能力，这部分的信息一般都是已经发生或正在发生，可以通过线上、线下培训获得的。当然，有些知识需要较长的时间才可以习得，这就是比较难培养的能力，如精算、医术。

能力层：管理能力和专业能力。管理能力如战略制定、人员辅导、激励他人等；专业能力如大客户管理、技术改善、采购谈判等。能力是有难易之分的，如战略推动是 2 级难度，而战略制定就是 5 级难度，沟通是 2 级难度，而合作联盟就是 4 级难度。能力难度指的是个体要培养或构建这个能力的困难程度。数值越高难度越高，5 级为最高级别。

个性层：包括同理心、自我激励、自信乐观、情绪管理等。俗语说得好："三岁看到老。"人的个性是从小就形成的行为习惯，根深蒂固，因而此类能力较难识别、改变和培养。与其改变一个人的个性，不如让合适的人做合适的事。

动力/价值观层：冰山底层的自我认知层面，如成就、升职、金钱、节奏等。俗话说："江山易改本性难移。"这句话说的就是价值观。如果价值观一致,大家在一起的动力就大,体现在工作中就是工作态度积极、稳定性强;如果价值观差异大,彼此长久相处的动力就小,体现在工作中就是动力不足、离职风险大。价值观无法改变、不能培养,通常建议在招聘或晋升时做出选择。

研究显示,人类存在上百个不同的动力驱动,这里列举一些最常见的动力驱动供大家参考。

- 成就感。
- 成为大众的焦点。
- 挑战性的工作。
- 辅导他人。
- 变动薪酬。
- 薪资福利。
- 工作复杂度。
- 持续学习。
- 精准度。
- 敏锐的商机。
- 正式场合的公开表扬。
- 高度参与感的领导。
- 高度参与感的同事。
- 责任与使命。
- 影响他人。
- 国际化。
- 同事/客户的支持。
- 实体环境。
- 职位/职级。
- 成果导向。
- 升迁机会。
- 专业能力受到肯定。

- 建立关系。
- 标准化。
- 工作多元化。
- 旅行。

一般而言，越往冰山上方越是外显的、已经发生的，以及相对容易识别、改变、培养的；越往冰山下方越是未来的、潜在的，以及相对难以识别、改变、培养的。冰山下方会涉及企业非常关注的另一个重点——潜力。

如何定义潜力？简而言之，潜力指的就是不能培养或较难培养的能力。其逻辑很简单，如果不能培养或很难培养的能力先天就具备了，那么这个人岂不是潜力无穷？

既然如此，那么哪些能力是有潜力的呢？以下三类都与潜力相关：不能培养的动力（价值观匹配）、较难培养的个性特质、人才能力大数据库中 4 ~ 5 级的能力。

2.2.1.5　快速建模的方法

在了解了人才能力大数据库后，如何基于人才能力大数据快速构建能力模型呢？有以下三种主要方法，如图 2-8 所示。

标准建模和快速建模能够满足不同企业的实际需求，三种方式各有利弊，企业可以根据实际需求采用不同的建模方式。

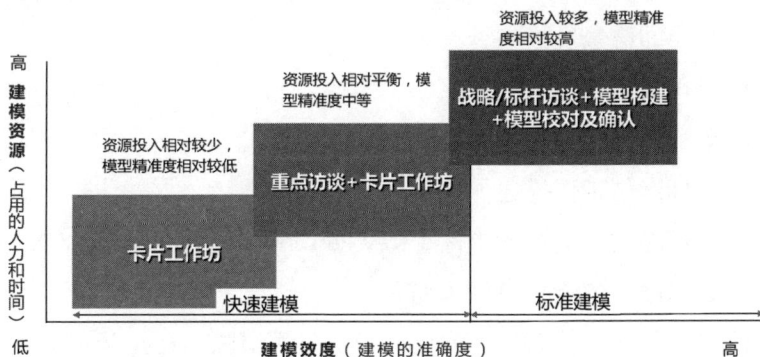

图 2-8　建模的三种主要方法

方法一：卡片工作坊；方法二：重点访谈+卡片工作坊；方法三：战略 /

标杆访谈+模型构建+模型校对及确认。第三种方法多为咨询公司采用的专业方法，前两种方法相对来讲更为简单和敏捷，企业内部比较容易掌握，但建模的精准度相对会低一点。

快速建模的两种方法其实流程差不多，首先是资料研读，然后是带着高层、部门负责人、核心员工等一起运用能力大数据搭建能力模型。其中，方案一需团队直接共创；方案二在团队共创前增加了关键人员的访谈，即在收集关键人员的想法后再进入共创。快速建模方案一和方案二的实施流程如图 2-9 所示。

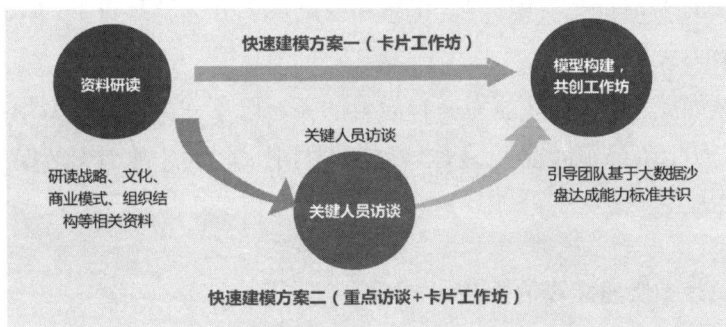

图 2-9　快速建模方案一和方案二的实施流程

快速建模方案一和方案二的具体步骤说明如下。

步骤一，资料研读。研读资料清单如下。

- 公司的愿景及战略。
- 公司核心价值观及文化。
- 公司的组织架构。
- 目标岗位工作描述。
- 目标岗位关键绩效指标（Key Performance Indicator，KPI）。
- 公司已有的能力模型（如有）。

研读的目的是什么呢？研读的目的是更清晰自己选择能力卡片时的取舍。研读达成的目的有以下两个。

- 深度理解：公司战略、商业模式及文化。
- 澄清定位：建模岗位现在和未来的价值定位。

步骤二，关键人员访谈（如时间紧急可跳过此步骤）。访谈的关键人员建议为以下三类人群：高阶管理者、岗位标杆人员、人力资源（HR）。针对不同人群的访谈侧重点、收集的信息是不一样的，具体如下。

- 高阶管理者：听取高层对公司愿景、战略、文化等的诠释，了解其对目标岗位的期望与要求。
- 岗位标杆人员：从岗位标杆人员的视角，了解并提炼本公司优秀人才的行为、特质及价值观。
- 人力资源：基于人力资源的视角，从企业文化、组织战略、人才管理等维度了解目标岗位的需求。

不同层级访谈的问题重点，如表 2-7 所示。

表 2-7　不同层级访谈的问题重点

领 导 层 级	访谈的问题重点
最高领导者 （战略高层）	• 聚焦愿景、战略及文化 • 1 ~ 3 年聚焦的 3 个关键目标及衡量指标 • 最迫切的组织及人力挑战 • 对于关键岗位的期待和定位
中层主管	• 部门战略承接重点及战术方案 • 关键岗位目标、挑战和弱势 • 关键岗位的现状及能力期望 • 关键能力的典型行为描述
基层主管	• 工作目标与衡量指标 • 工作重点、实施方案及面临的挑战 • 一线主管现状和能力期望 • 关键能力的典型行为描述

样本：访谈问题单（见表 2-8、表 2-9、表 2-10）

表 2-8　访谈问题单（战略高层）

访谈重点	访 谈 问 题	联 系 点
战略理解	• 您可否简单阐述一下您对于公司未来 3 ~ 5 年的期望及战略的 3 个关键重点？您认为衡量战略达成的最重要指标是什么	能力模型的战略定位

续表

访谈重点	访 谈 问 题	联 系 点
文化澄清	• 基于公司的愿景与战略,您希望管理层形成怎样的管理文化	共有领导能力
战略高管能力	• 为了达成公司的愿景与战略,我们现在面临的3~5个最大挑战是什么? • 为了达成战略,高管应该聚焦在哪3~6个关键工作领域?每个领域又应该具备怎样的能力来确保结果的产出是优秀的?您如何判断和衡量这些能力? • 哪些能力是优秀高管团队所必需的? • 为了应对未来的挑战,哪些能力是高管现在需要储备的	高管能力及行为
中层主管能力	• 您对中层经理的期望是什么?为了达到这样的期望,对他们来说,关键的3~6个关键工作绩效领域是什么?每个领域又应该具备怎样的能力来确保结果的产出是优秀的?您如何判断和衡量这些能力? • 中层经理现在面临的挑战是什么? • 您对中层经理的建议是什么	中层能力及行为
基层主管能力	• 您对基层主管的期望是什么?为了达到这样的期望,对他们来说,关键的3~6个关键工作绩效领域是什么?每个领域又应该具备怎样的能力来确保结果的产出是优秀的?您如何判断和衡量这些能力? • 基层主管现在面临的挑战是什么? • 您对基层主营的建议是什么	基层能力及行为
建议	• 针对管理团队,您还有什么建议	高管建议

表2-9　访谈问题单(中层主管)

访谈重点	访 谈 问 题	联 系 点
战略理解	• 请您简要概述一下公司对于您的团队的要求,以及您对您的团队的期望。 • 您如何定义您的团队的成功?您认为衡量团队目标达成的最重要的指标是什么	能力模型的定位

续表

访谈重点	访 谈 问 题	联 系 点
中层主管能力	• 为了确保目标的达成，您所面临的 3 个最大挑战是什么？ • 作为一位优秀的中层主管，您会聚焦的 3~5 个关键工作内容是什么？您认为需要具备怎样的能力和行为能让您达成如此优异的绩效？可否举例说明？ • 基于公司的愿景与战略，您认为什么能力是需要增加或储备的	中层能力及行为
基层主管能力	• 请您介绍一下您的团队的状况，如人数、工作职责分配等。对于下一层级主管而言，您认为他们最主要的工作内容是什么？他们的挑战在哪里？他们还有哪些方面需要进一步提升？ • 您如何定义您下一层级主管的成功或对他们的期望是什么？您如何判断优秀基层主管？他们具备什么样的能力和关键行为会让他们的绩效优于一般人群？请举例说明	基层能力及行为
建议	• 对于下一层级主管，您有何建议？ • 您还希望公司给予哪些方面的支持以协助您做得更好	主管建议

表 2-10　访谈问题单（基层主管）

访谈重点	访 谈 问 题	联 系 点
战略理解	• 请您简要概述一下公司对于您的团队的要求，以及您对您团队的期望。 • 您如何定义您的团队的成功？您认为衡量团队目标达成的最重要的指标是什么	能力模型的定位
基层主管能力	• 为了确保目标的达成，您所面临的 3 个最大挑战是什么？ • 作为一位优秀的基层主管，您会聚焦的 3~5 个关键工作内容是什么？您认为需要具备怎样的能力和行为能让您达成如此优异的绩效？可否举例说明？ • 基于公司的战略和愿景，您认为什么能力是需要增加或储备的	基层能力及行为
建议	• 您还希望公司予哪些方面的支持以协助您做得更好	主管建议

步骤三，模型构建，共创工作坊。利用能力大数据，采用引导工作坊的方式，进行人才能力标准的构建和最终确认。

参与人员：公司高层、业务高管及相关标杆人群。

引导师：人力资源专业人士或外部顾问。

时间：1.5 ~ 3 小时。

工作坊步骤如下。

- 共同探讨能力重点：参与人员一起探讨、分析并选择关键能力。
- 排序并最终决策：将选择的能力进行排序，依据战略需求最终达成群体决策。
- 内部引导师引导并建议：从行业、公司和专业角度引导共创会，并给出专业建议。

2.2.1.6　能力模型样本

在利用大数据快速建模后，能力模型会变成什么样呢？以下是几个样本，如图 2-10、图 2-11、图 2-12 所示。

能　力	特　质	驱动因素
驱动创新 能凭借更新颖、更完善的管理方式使企业顺利地推进全球化进程	**好奇心** 能以新颖的方式解决问题，能留意到复杂信息中的各种情况，对事物有深入了解的欲望	**企业家精神** 具有创业素质，工作时倾向于扮演主导角色，希望企业对自己的束缚较为有限
不明朗决策 即使在事态不够明朗或企业的发展道路不够清晰时，也能有效管理企业	**风险承担** 愿意基于有限信息表明立场或采取行动	**追求卓越** 努力将自身的优势、能力及能够掌控或获取的资源用到极致，不断超越更高要求
战略制定 能展望企业未来发展的种种可能性，并将其转换为具有突破性意义的发展战略	**适应性** 在事情向意料之外的方向发展时能够从容应对	**自驱力** 克服严峻挑战后所达成的成就往往更能激起自己的工作热情
愿景激励 能创造良好的工作氛围，点燃员工的工作激情，使其全力以赴，完成工作目标	**模糊容忍度** 在面对不确定、模糊，甚至矛盾的信息时，即使这些信息会影响正确的理解与判断，也能冷静应对，给予包容	
目标管理 在执行计划时，即使困难重重，也始终能完成工作目标	**自信** 相信自己能够影响事态发展，引导出积极结果	

图 2-10　数字化时代优秀领导者能力模型

能　力	特　质	驱动因素
战略（客户）关系建立 用组织的产品、服务满足客户的商业利益，架构双赢的战略合作伙伴关系	**成就导向** 对成功有强烈的渴望，设定高于平均水平的目标或不断挑战更高目标，尽全力排除困难达成乃至超越目标	**商业** 追求财富和财务收益
经销商管理 进行新渠道和新经销商的开发和拓展，对经销商进行企业价值理念引导，使彼此合作关系更密切		**社交** 寻找机会建立社交网络和与他人合作
价值销售 准确匹配客户需求与利益，向客户提供最有价值的产品与服务，形成战略联盟	**坚韧力** 在工作中遇到阻碍时勇于迎难而上，寻找一切可能的方法达成目标，鼓励他人同行，团结身边的人，为共同的目标努力	**权力** 努力取得成就、控制资源和承担责任
高绩效销售团队打造 善于通过多种管理方式激发团队自主效能，提升团队销售绩效	**客户导向** 关注并快速把握内外部客户需求和利益，善于换位思考提供针对性的解决方案，以超越内外部客户期望来提高客户满意度	
销售流程管控 根据制定可衡量的销售过程指标和结果指标，建立销售流程管控机制，并长期追踪监控销售流程	**自信心** 相信自己能够引导出积极结果，取得成功	

图 2-11　数字化时代优秀销售领军人能力模型

能　力	特　质	驱动因素
技术敏锐度 预测技术发展趋势，把握技术突破点，建立核心技术优势	**好奇心** 能以新颖的方式解决问题，留意复杂信息中的各种情况，对事物有深入了解的欲望	**科学** 深思熟虑，以数据为基础，采取理性和客观的方式做决定
技术商业衔接 找到技术和商业的平衡点，实现商业价值	**严谨性** 尊重科学本质和客观规律，实事求是地分析工作中的现象和问题，充分推理和论证	**独立** 独立工作，工作中较少关注社交与建立关系
关键技术问题攻关 领导核心技术团队，完成重大技术攻关任务，综合考虑技术问题，寻找解决方案	**敬业勤奋** 对工作全身心地投入，认真踏实、埋头苦干、恪尽职守地完成工作任务	**保障** 重视确定性和可预测性的环境，不太喜欢不确定性和变化
技术创新 准确判断研发工作的重点，带领团队，完成技术创新	**精益求精** 对成功有强烈的渴求，设定更高目标，完成具有挑战性的研发任务	
技术人员辅导 根据人员的优势进行合理且有效的指导，提升专业技术水准		

图 2-12　数字化时代优秀技术领军人才能力模型

2.2.1.7　企业内部建模最常见的挑战

企业内部建模最常见的挑战有以下三类：管理层不认同、经费和资源不够，以及人手有限或配合积极性不高。对此，给出的建议解决方案如表 2-11 所示。

表 2-11　内部建模挑战及解决方案

最常见的挑战	管理层不认同	经费和资源不够	人手有限或配合积极性不高
解决方案	（1）从计划开始就要组织高管访谈 　• 谈什么？如何谈 （2）在素质模型出来后，先安排管理层探讨沟通 　• 寻求统一意见及认可 （3）业务机构愿意使用 　• 项目开始就让业务主管参与 　• 在项目团队成员中有业务高管 　• 有助于业务成长	（1）对高管群体的影响 　• 针对高管群体的课程影响 　• 最高层战略目标的对接和影响 　• 由最高层发起项目并在关键节点出面支持 （2）先启动一个部门 　• 具有代表性，意愿度高 （3）内部人力资源人员和业务高管一起参与技术移转 　• 内部资源的培养 　• 内部支持团队的培养和影响	（1）关键步骤寻求外部顾问协助 　• 协助影响内部，分担部分工作 （2）先制定简单版本 　• 成本较低 　• 先产生效应 　• 从业务最关心的点切入 　• 解决一些真正难点

2.2.2　专业能力图谱搭建

前面谈到了快速建立人才能力模型的相关内容，在数字化时代，对于企业而言，还有一个非常重要的变量，那就是技术。技术对于业务的影响和颠覆变得前所未有的重要。技术甚至改变了许多行业，如无人驾驶改变了汽车行业、人工智能改变了医疗行业、3D 打印改变了制造行业、大数据改变了零售行业、区块链改变了金融行业。许多企业不仅需要快速迭代技术，有的甚至只有直接进入以往未知的技术领域，才能抓住市场机会，才能生存，因而搭建专业能力图谱变得尤为关键。专业能力图谱的搭建及落地，让员工明确需要掌握的新技术、新知识、新技能，从而加速业务转型和突破。

专业能力图谱指的是什么？专业能力图谱简单来说就是优秀专业人员的画像，能够让人们知道作为一个优秀的专业人士应该掌握的知识、技能、经验、能力等，以及应该具备的特质和驱动力。只有清晰定义了专业能力图谱，才能更好地寻找、发展和激励专业人才。

2.2.2.1　专业人才类型及序列划分

如何建立专业能力图谱?

任何一家企业都有许多专业人才,不同类型人才的专业能力图谱是不一样的,那么,专业人才如何分类呢? 一般而言,依据工作性质会有以下几种大的分类:技术类、产品/项目类、市场类、支持类,这种分类在专业上称为职族,职族的分类并不是完全依照部门来划分的,而是类似于工作属性的集群。

以某互联网公司举例说明,如图 2-13 所示。

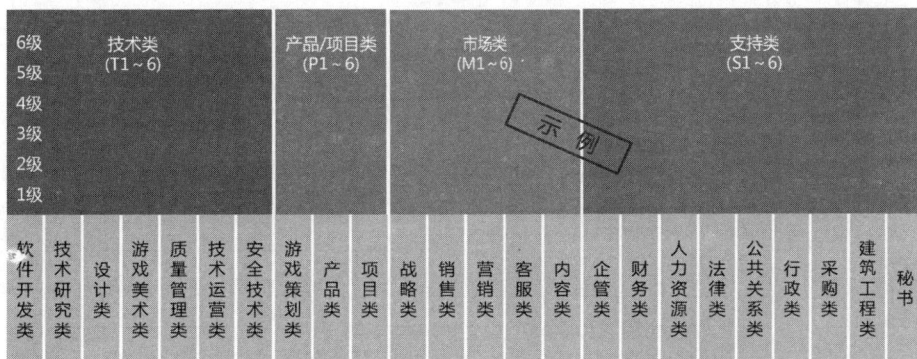

图 2-13　某互联网公司案例:专业人才类型划分

技术类包含软件开发、技术研究、设计、游戏美术、质量管理、技术运营等岗位。

产品/项目类包含游戏策划、产品、项目等岗位。

市场类包含战略、销售、营销、客服等岗位。

支持类则涵盖了财务、人力资源、行政、采购等岗位。

在专业人才分类完成后,需要将每个岗位建立序列,如表 2-12 所示。

以销售为例分为:销售助理(一级)、销售经理(二级)、区域经理(三级)、大区经理(四级);以销售支持工程师为例分为:助理(一级)、工程师(二级)、高级工程师(三级)。

表 2-12　基于专业人才类型划分的专业序列

类别	编号	专业序列	一级	二级	三级	四级	五级
营销类	1	销售	销售助理	销售经理	区域经理	大区经理	—
	2	销售支持工程师	助理	工程师	高级工程师	—	—
	3	产品培训	产品培训专员	产品培训经理	高级产品培训经理	—	—
	4	客服	客服助理	客服专员	高级客服		
	5	市场策划	策划助理	策划专员	高级策划	资深策划	—
技术类	6	.NET 开发工程师	助理工程师	工程师	高级工程师	资深工程师	专家
	7	PHP 开发工程师	助理工程师	工程师	高级工程师	资深工程师	专家
	8	Java 开发工程师	助理工程师	工程师	高级工程师	资深工程师	专家
	9	C 语言开发工程师	助理工程师	工程师	高级工程师	资深工程师	专家
	10	Android 开发工程师	助理工程师	工程师	高级工程师	资深工程师	专家
	11	前端开发工程师	助理工程师	工程师	高级工程师	资深工程师	专家
	12	UI 设计师	UI 设计助理	UI 设计专员	高级 UI 设计	—	—
	13	软件测试工程师	助理工程师	工程师	高级工程师	资深工程师	专家
	14	运维工程师	助理工程师	工程师	高级工程师	资深工程师	专家
项目类	15	项目经理	项目助理	项目经理	高级项目经理	资深项目经理	—
	16	售前工程师	助理工程师	工程师	高级工程师	—	—
	17	网络工程师	助理工程师	工程师	高级工程师	—	—
	18	项目工程师	助理工程师	工程师	高级工程师	—	—
	19	实施工程师	助理工程师	工程师	高级工程师	—	—

接下来，开始依据每个专业序列搭建专业能力图谱。以 IT 测试序列专业能力图谱举例说明，如表 2-13 所示。

表 2-13　IT 测试序列专业能力图谱（含知识技能）样本

关键维度		价值定位					
		P4/执行者	P5/执行者	P6/专业人士	P7/资深专业人士	P8/公司级专家	P9/行业专家
知识	测试方法思路	掌握基本的测试方法	较好地掌握各种测试方法，具备一定的测试思路	精通各种测试方法 具备很好的测试思路	精通各种测试方法 具备很好的全部质量把控测试思路	—	—
知识技能	自动化测试	—	在成熟的框架下编写测试	很好地掌握测试用例设计、编写、调试能力 能够设计出基本的自动化测试框架，并应用到小项目中去	精通测试用例设计、编写、调试能力，能够使用自动化手段快速定位问题 能设计出全面完善的自动化测试框架，并能够应用到跨团队项目中去 具备较好的测试工具和平台开发能力	精通自动化测试领域各个方面（接口、UI、App），设计出的框架达到行业平均水平 具备很好的测试工具及平台开发能力，且测试工具及平台能力在全公司得到应用 具备一定能力性能测试瓶颈分析及调优能力	精通自动化测试 试机性能测试 在自动化测试框架下进行工具/平台开发 性能瓶颈分析及调优能力
	性能测试	—	能够使用工具执行性能测试	掌握多种性能测试工具的使用 具备较好的性能脚本编写能力 拥有一定的性能问题瓶颈分析及调优能力	精通多种性能工具使用 精通多种性能脚本编写 具备比较全面的性能优化分析及相关建议 具备一定的性能平台开发能力	性能瓶颈分析及调优分析能力能够处于行业平均水平 能够针对性能的问题给出架构设计相关建议 具备很好的性能平台开发建设能力，且能应用到公司所有项目中去，并能达到公司行业水平	在上述能力上达到行业领先水平或具体或具体引领能力

续表

关键维度		价值定位					
		P4/执行者	P5/执行者	P6/专业人士	P7/资深专业人士	P8/公司级专家	P9/行业专家
从业背景	从业经验	0至1年相关工作经验	至少1年相关工作经验	至少2年相关工作经验	至少5年相关工作经验	至少8年相关工作经验	至少10年相关工作经验
	学历要求	本科及以上					
业务能力	综合测试管理	测试执行		独立/组队完成测试		测试经验验证	
	业务理解	熟悉内部业务环境		熟知业务产品内容		敏锐洞察行业发展	
	沟通与资源协同		团队角度，高效执行	公司角度，融合团队		行业角度，促公司发展	
核心能力			积极主动	追求卓越		追求卓越	
共通能力			客户意识	客户导向		创造客户价值	

专业能力图谱搭建的步骤如下。先依据冰山模型设定关键维度，顶层维度是知识资历（如专业、知识、资历、认证、经验、历练等）；中层维度是能力（包含战略制定、人员辅导、激励他人、大客户管理等）；第三层维度是个性（如自信乐观、情绪管理、适应性等）；底层维度是动力（如成就、升职、金钱等）。

然后，每个维度依据职级定义能力阶梯，如知识维度（如测试方法思路）：P6 职级定位为专业人士，需要精通各种测试方法、具备很好的测试思路，P4、P5 职级定位为执行者，P4 掌握基本的测试方法即可，P5 较好地掌握各种测试方法，并具备一定的测试思路。依此逻辑，建立每个维度的能力路径，即形成了完整的岗位专业能力图谱。

2.2.2.2　知识图谱的搭建

在专业能力图谱的搭建中，还有一个在数字化时代特别重要的环节，就是冰山模型最上面的知识图谱的搭建。在过去，知识的迭代和跨界没有这么明显，大家对于知识部分的描述是比较清晰的，但现在完全不同了，许多企业到了战略方向已经确认，要快速推动的时候，还无法清晰定义其需要的知识储备。究其原因，很多时候是因为：人们跨界到了一个完全没有经验和积累的新领域，或者是新技术的出现打劫了现有的技术，人们被动地跟着新技术转型，而没有先例可以参考和学习。这个时候，尽快定义知识图谱就变得尤为重要了。

知识图谱如何搭建呢？以某电信运营商的案例进行说明（见图 2-14），先根据公司对数字化领域的划分，结合实际业务需求，从"技术、业务"两大视角，审视未来数字化业务场景，构建数字化人才知识图谱；与公司内部技术专家一起共创，将数字化新型人才划分为三大领域、十大专业，细化数字化人才知识领域的培养方向。

在大方向及技术专业维度确认后，再基于网络生命周期、业务流程、工作场景细化专业知识及能力，用 5G 举例说明（见图 2-15）：5G 技术可分为四大能力项，针对每个能力项再细化能力描述。

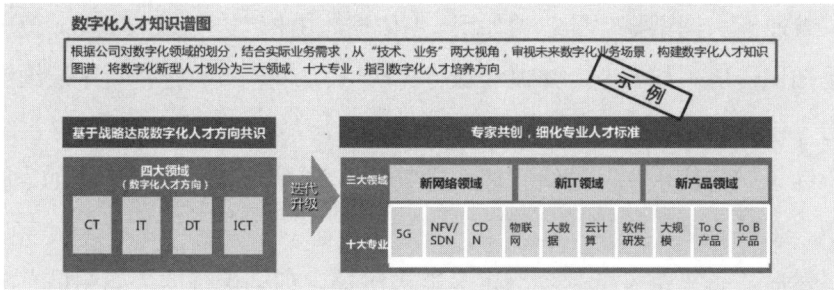

图 2-14　某电信运营商案例说明

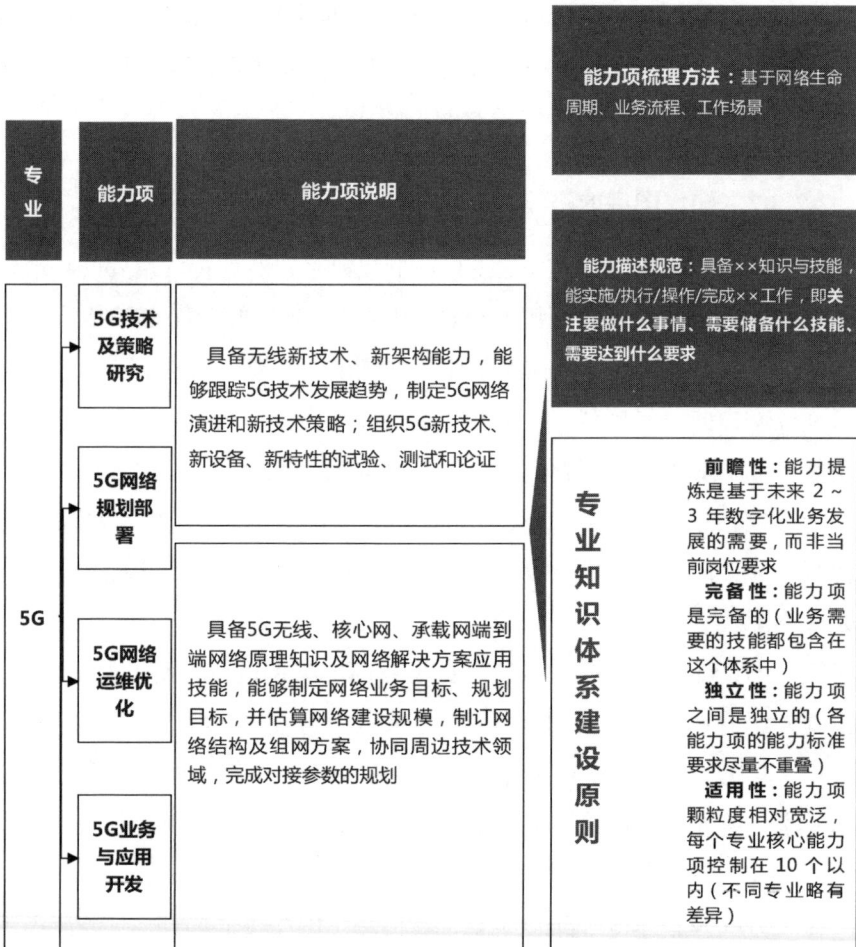

图 2-15　5G 专业核心知识及技术图谱示例

2.3　敏捷人才管理第三步：轻量盘点（施盘点）

在明确企业基于战略的核心岗位及人才能力要求后，可以依据能力标准全面扫描现有人才，量化现在的组织、团队和个人的能力现状。

2.3.1　人才盘点方案设计

2.3.1.1　人才盘点的价值

人才盘点的价值是什么？为什么要实施人才盘点？

数字化时代，人才盘点越来越受企业高层管理者的关注，究其根本是因为不确定企业是否面临太多不可预知的风险，因而组织的结构调整会成为常态，人员的优化配置会迅速提上日程，企业高层管理者需要在不明朗的局面下快速且精准地做出决策。这些决策行为非常依赖人才盘点的客观数据，因为人才盘点能评估组织内部人才的数量和质量，找到支撑战略达成的组织人才需求与现状的差距，然后"对症下药"。

不仅如此，人才盘点还可以协助企业提升管理精准度。俗话说得好："没有量化就没有管理。"人才盘点可以协助组织更好地实现经营目标、发现内部人才、建立人才体系、提供人事决策依据，可以协助个人更清晰地知道发展方向及发展计划，从而激励员工成长。

人才盘点可以应用到企业如下领域。

- 招聘选拔（能力匹配）：如何精准地选对人？
- 培训分析（能力差距）：如何进行有针对性的培训？
- 人才辅导（能力分析）：如何针对能力辅导？
- 晋升推荐（能力评估）：如何提拔对的人？

- 人才发展（能力评估）：如何有针对性地发展人？
- 组织发展（人才盘点）：如何有针对性地提升组织能力？
- 员工乐业度（人才保留）：如何有效保留核心人才？

2.3.1.2　VUCA 时代人才盘点的特点

在企业实际操作中，业务高管对人才盘点的期望是什么？

他们的期望可以总结成三个字：快、轻、准。"快"就是快速出结果，"轻"就是资源占用少，"准"就是准确度高。人才盘点的实际状况是管理层对于结果有时不太认可。为什么会出现这样的情况呢？

关键原因有四个。原因一：大家对于标杆人才的定义不一致。人才定义就是前面提到的人才建模，就好比男女双方对于婚姻的想法不一致就无法进入婚姻。原因二：大家关注的重点不一致。例如，我认为这个人业务能力很强，你觉得他很难沟通，动不动就怼人。其实人还是那个人，你和我说的话也都对，只不过我关注的是专业能力，你关注的是个性，自然无法达成共识。原因三：评估的方法大家不认同。评估方法和工具的设计多基于行为心理学，许多人并不是很了解这个学科，因而对于心理学问卷及心理学测评工具存有质疑。如何让大家都能理解并认同评估方法，对达成一致很重要。原因四：评估的结果能否促进业务或解决业务痛点，直接关系到大家对于盘点的认可。例如，需要先思考盘点能帮我更好地判断接班人吗、能给我更多用人的建议吗、能提供激发团队工作动力的方法吗，等等。

因而，VUCA 时代人才盘点有以下特点。

- 盘点要轻量（敏捷、易操作）。
- 盘点目的是制定业务或战略转型的人才决策。
- 盘点后的数据会大量用于个人和组织发展。

2.3.1.3　人才盘点产生偏差的原因

人才盘点为什么会产生偏差？先来了解以下几个心理学理论。

晕轮效应（光环效应）：晕轮效应最早是由美国著名心理学家爱德华·桑戴克于 20 世纪 20 年代提出的。从认知角度讲，晕轮效应仅仅抓住并根据事物的个别特征而对事物的本质或全部特征下结论，是很片面的。

刻板印象（定型化效应）：刻板印象是指人们对某一类人或事物产生的比较固定、概括而笼统的看法，是人们在认识他人时经常出现的一种相当普遍的现象。

类我效应（惺惺相惜效应）：当我们知道他人在某些方面和自己相似时（如同爱好、同气质、同校、同宗教、同族），往往会比较宽容，并且评分较高。

首因效应（第一印象）：首因效应是指根据不完全信息及第一印象做出的对他人的整体印象与评价。一位研究者甚至发现，有 85% 的案例，人们在见面的第一印象中就已经做出了对应的判断。

序位效应：人们在连续评估多人时，会对最初和最近的候选人印象特别深刻。

对比效应：排序会影响对他人的评价，人们往往以前一个人来评估目前这个人，而不是与客观的标准进行对比。因此，会有这种情况：前一个人太优秀，会造成后面一个人得分较低。

中央趋热效应：人们在连续评估多名候选人时，当对候选人的评估没有把握时，给出的分数往往集中在中间部分。

强调负面信息：受不利信息的影响要大于受有利信息的影响；从好的印象变为坏的印象，要比从坏的印象变为好的印象更有可能。事实上，人们经常主动寻求负面信息。

如何有效规避以上的主观判断，让评估结果更为客观准确？需要采用专业的技术和方法，确保人才盘点的准确度。

2.3.1.4　人才盘点理论模型（见图 2-16）

依据冰山模型，可以从四个不同的维度来进行评估和分析，具体说明如下。

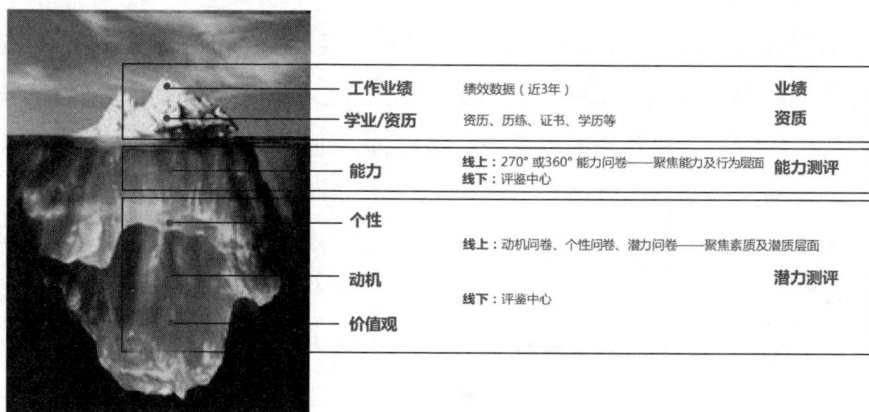

图 2-16　人才盘点理论模型

- **知识资历维度**：冰山模型上比较显性的学历、证书、工作资历、工作年限、工作绩效……此部分信息通常都是已经发生或正在发生的事情，可以查询和验证，并能用数据等量化的证据来证明，如 3 个证书、绩效考评 A+、500 强公司 8 年工作经验等。

- **能力维度**：能力维度分为管理能力和专业能力，往往是一种工作感受或评价，如逻辑分析能力强、销售能力强、团队管理能力较弱等，既有客观观察也有主观判断。在专业盘点中，通常采用基于管理能力或专业能力的行为心理学评估，通过行为评价来量化每个人脑中的判断。

- **个性维度**：在工作或日常生活中，人们在相处一定时间后，对于对方的个性会慢慢形成一种直觉感受，但往往无法清晰地阐述，或者阐述存在主观的成分。在专业盘点中，一般采用个性问卷来协助判断。

- **动力维度**：价值观是一个人最深层的对人生及世界的一种看法。每个人都会隐藏和掩饰，难以被轻易识别，或者需要长时间相处才能准确判断。在专业盘点中，一般采用动机或价值观类心理学问卷。

这四个不同层面分别代表了组织或个人的愿不愿意（动力）、适不适合（个性）、能不能够（能力+知识资历），彼此不交叉也不重叠。举例说明：如果一个人学历高，不能等同于这个人能力高，也不能等同于这个人意愿度高，更不代表这个人就适合做这份工作，因而评估一个人需要全面的体检指标，即涵盖冰山模型从上至下的四个层面。

2.3.1.5　人才盘点的常用测评工具

人才盘点的常用测评工具包含哪些？具体如表 2-14 所示。

- 心理测评。
- 行为面试。
- 无领导小组讨论。
- 文件框测验。
- 角色扮演。
- 案例分析。
- 工作简报。
- ……

表 2-14　测评工具定义一览表

测评工具	定义及说明
心理测评（标准化问卷测验）	• 人才测评中标准化问卷测验可以分为基本潜能测验、个性品质测验、核心能力测验、动机态度测验、职业倾向测验、心理健康测验、专业能力测验、专长能力测验等 • 标准化问卷测验通常采用纸笔作答或人机测试方式进行，当测评对象人数众多时，可以集中施测，具有效率高、客观性和公平性强的特点
行为面试	• 行为事件面谈，目的及意义在于通过测评对象对其过去职业生涯中某些关键事件的详尽描述，揭示与挖掘当事人的素质，用以对当事人未来的行为及其绩效产生预估，并发挥指导作用 • 定向行为事件面试，根据已有的能力素质要求判断测评对象所具备的水平
无领导小组讨论	• 模拟工作会议方式来测评管理者的能力 • 由 5~8 位测评对象集中起来组成小组，要求就某一个问题开展不指定角色的自由讨论，3~5 位评委通过对测评对象在讨论中的言语及非言语行为的观察做出评价 • 主要评价表达能力、沟通能力、分析判断能力、决策能力、团队领导能力、组织协调能力、人际影响力等 • 高度结构化的无领导小组讨论需用时 40~100 分钟

测评工具	定义及说明
文件框测验	• 给每位测评对象提供一个模拟的组织情境，并让其扮演该组织中某一个重要角色，要求测评对象在一定时间内按照要求处理 8～10 份文件（文件内容涉及企业经营管理的各个方面），且对每份文件都需给出书面处理意见及理由 • 主要用来评价统筹规划能力、授权控制能力、协调能力、创新能力、战略决策能力、分析判断能力、资源配置能力、角色适应能力、书面表达能力等
角色扮演（情境模拟技术）	• 选取和测评对象的工作相关的一个人际或工作情境，由一名角色扮演者饰演测评对象的客户、上级、同事、下属等 • 主要评价角色把握能力、人际关系的处理技巧、团队辅导能力、情绪控制能力、应变能力、培养下属和向上管理的能力等 • 结构化的角色扮演需要 30～40 分钟，适用于各层级的管理者
案例分析	• 给每位测评对象提供一个模拟的企业案例，要求测评对象在一定时间内完成对于案例的分析并给出书面的建议或答案，案例会涉及企业经营管理的各个方面 • 主要评价战略决策能力、商业模式设计能力、分析判断能力、工作规划推动能力，以及组织及人员布局能力等
工作简报	• 让每位测评对象选取自己真实工作的一个主题做工作简报，可以提前准备好汇报用的资料，现场在一定时间内完成自我工作的汇报，并回答与简报有关的问题 • 主要评价角色战略制定及承接、商业敏锐、创新思考、团队规划、解决问题、目标管理、工作计划等能力。一般需要 30～40 分钟，适用于各层级的管理者

2.3.2　人才盘点效度管控

2.3.2.1　测评工具的效度

人才盘点必须了解两个关键术语：信度及效度。

信度

信度即可靠性，指同一个人在采取同一测评工具重复进行测评时，所得结果相一致的程度。换句话说，信度就是指测评工具的可靠程度。信度系数越高表示该测评对象的结果越稳定与可靠。

效度

效度即有效性，指测评工具或手段能够准确测出测评对象的真实程度。测评结果与要考察的内容越吻合，则效度越高；反之，则效度越低。效度分为三种类型：内容效度、准则效度和结构效度。

常用测评工具的效度是多少？来自权威测评研究中心报告指出：不同测评工具的测评效度是不一样的（见图 2-17）。

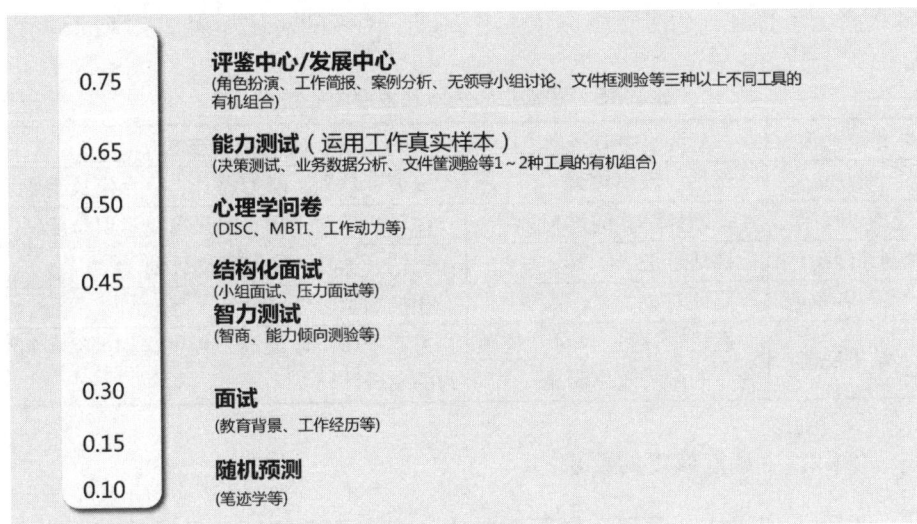

0.75	**评鉴中心/发展中心**（角色扮演、工作简报、案例分析、无领导小组讨论、文件框测验等三种以上不同工具的有机组合）
0.65	**能力测试**（运用工作真实样本）（决策测试、业务数据分析、文件筐测验等1~2种工具的有机组合）
0.50	**心理学问卷**（DISC、MBTI、工作动力等）
0.45	**结构化面试**（小组面试、压力面试等）　**智力测试**（智商、能力倾向测验等）
0.30	**面试**（教育背景、工作经历等）
0.15	
0.10	**随机预测**（笔迹学等）

图 2-17　不同测评工具的对应效度

日常生活中涉及的笔迹学等具备一定的参考价值，但效度不是特别高，仅作为参考。业务高管习惯用教育背景、工作经历等信息进行判断，效度有一定的提高但系数仅在 0.3 左右，结果往往与判断有一定的偏差。采用相对专业的心理学问卷、结构化面试、智力测试等方法，效度可以提高到 0.45 或0.5，即有时准有时不准，这也是造成人力资源部门经常被挑战和诟病的最主要原因。采用基于工作真实场景的 1~2 个不同测评工具的组合，效度提高到了 0.65 以上，甚至能达到 0.90，以最大概率管控用人的风险，这就是业内迄今最为专业并得到广泛认可的评鉴中心技术，现在已经技术迭代为发展中心技术。

评鉴中心/发展中心量化的是测评对象的行为，运用一组设计很精致且前后有关联的模拟情境,根据受测者当场的即时反应测出应用这些行为模式的质量和技巧水平,以及预判未来面对新情境的行为模式。后者尤为关键,因为对于未来预判直接关系到结果的成效。

前面提到评鉴中心技术已经进化为发展中心技术,那么评鉴中心技术与发展中心技术有什么不同?其实两者用的测评工具是完全一样的。两者的不同点就是前者重评估,后者重发展;前者题目保密,后者题目开放;前者更多为了晋升,后者更多为了人才发展。两者的对比如表2-15所示。

表2-15 评鉴中心技术和发展中心技术

维　　度	评鉴中心技术	发展中心技术
目标	评估、人事决策	发展、培训、能力提升、行为模式改变
过程	诊断评估式的过程	体验式学习过程、增强自我意识与反思
测评师角色	评估、记录	反馈、辅导、制订行动计划
参与者角色	测评对象	积极的学习者
结果反馈	通过/不通过,对"失败者"的激励效果明显	过程中多阶段反馈,提供详细的基于行为的发展计划

2.3.2.2 盘点效度的要求

在企业实操中,基于不同目的的人才盘点有着不同的最低效度(测评准确度)的要求(见表 2-16),否则会造成人才盘点的效度低于组织的实际需求。

表2-16 不同盘点目的对应的最低效度

盘点目的	最低效度
• 晋升/调任 • 薪酬/福利	高效度 0.75
• 梯队/高潜 • 招聘选拔 • 人才辅导	中效度 0.65
• 发展/培养 • 自我认知 • 培训分析	低效度 0.50

在企业的组织和人员管理中，晋升/调任、薪酬/福利等与收入、权力挂钩的评估，需要 0.75 以上的测评效度，这些测评目的的敏感度比较高，必须采用高效度测评。也许大家会好奇：为什么效度不能低于 0.75 呢？因为一个职场人对于自己熟悉的合作方（相处 6 ~ 12 个月），判断准确度基本在 0.75 以上，所以测评的效度至少要达到甚至超过这个标准才能让他人认同，或者带给他人更多的价值。人才盘点对于企业管理层的价值就是节省判断的时间、在一定时间内评估更多的人、提升判断客观性、降低用人的风险。

涉及梯队/高潜人才选拔、人才辅导，以及招聘选拔这类盘点目的的，因为敏感度不是特别高，所以效度可以适度降低，中效度即可。

涉及发展/培养、自我认知、培训分析盘点目的的，因为更多的是自我成长评估，所以评估效度为低效度即可。

2.3.2.3　不同效度的盘点设计思路

不同盘点目的有最低效度要求，那么，如何设计测评工具，确保最低效度的达成呢？具体如表 2-17 所示。

表 2-17　盘点目的对应的最低效度和测评工具设计

盘点目的	最低效度	测评工具设计
晋升/调任 薪酬/福利	高效度 0.75	评鉴中心（专业版） • 三种或以上不同测评工具组合 • 工作定制场景
梯队/高潜 招聘选拔 人才辅导	中效度 0.65	评鉴中心（简化版） • 两种不同测评工具组合 • 工作定制场景
发展/培养 自我认知 培训分析	低效度 0.50	问卷测评 • 仅用单一测评工具 • 标准题本非定制

评鉴中心（专业版）：盘点目的需确保 0.75 效度以上的评鉴设计，称为专业版评鉴中心设计，至少选择三种不同测评工具进行组合设计。何谓不同工具？举例说明，三套不同的心理学问卷只能称为一种工具——问

卷，问卷+简报+面试才能称为三种不同的工具。同时，题目的设计最好与行业相关，与实际工作场景相关，否则效度会降低。

评鉴中心（简化版）：盘点目的需确保 0.65 效度以上的评鉴设计，称为简化版评鉴中心设计，至少选择两种不同测评工具进行组合设计，并且题目的设计需要与实际工作场景相关。

问卷测评：第三种盘点目的需确保 0.50 效度以上的评鉴设计，可以采用单一测评工具，如问卷、面试、笔试等任一种单一工具，可以接受非定制题本。

2.3.2.4　人才盘点方案建议

在企业实施人才盘点的过程中，面临的挑战不仅有测评效度，还有资源投入（如人力、财力、时间等）和盘点人数问题。原则上，三者是彼此博弈的，如果希望测评效度高，那么，在人数不变的情况下，资源投入必然会多；如果希望测评覆盖人数多，那么，在资源不增加的情况下，效度自然会打折。

企业的资源是有限的，如何平衡测评效度、资源投入及盘点人数这三个变量呢？如何在盘点实施中使性价比最大化？盘点方案如图 2-18 所示。

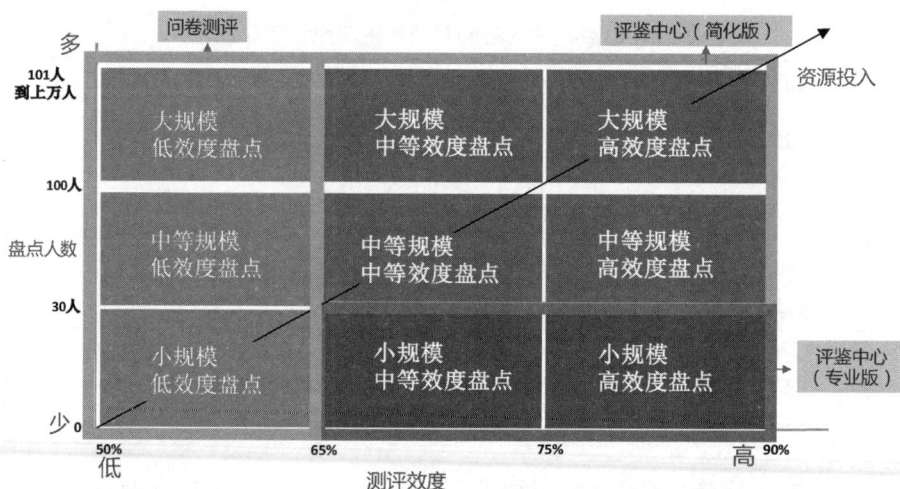

图 2-18　盘点方案

根据人才盘点的盘点人数（纵轴）、资源投入（斜轴）、测评效度（横轴）

的要求可以得出九宫图，盘点方案可总结为三类：问卷测评、评鉴中心（简化版）、评鉴中心（专业版）。

方案一：问卷测评。

如果对效度要求不是很高，无论人多人少，都可以采用问卷测评的方式。问卷测评的方式也是资源占有最少的方式。

方案二：评鉴中心（简化版）。

如果对效度要求比较高，人数较多（如 30 人以上），建议采用评鉴中心（简化版），即两种不同定制测评工具的组合。当然，如果不介意资源的投入，也可以采用评鉴中心（专业版）。

方案三：评鉴中心（专业版）。

如果对效度要求很高，人数较少（30 人以内），可以采用评鉴中心（专业版），即三种不同定制测评工具的组合。这种测评方案也是占用资源最多的一种方式。

不同方案占用的资源是不同的，在企业实操中总会受限于资源的现状，有时不得已降低效度以适配有限的资源。碰到这种情况怎么办呢？

其实，可以换个角度思考问题，基于不同效度的盘点结果，在应用重点上可以有所侧重。整体而言，如果测评效度相对较低，更应该重视数据规律的发现及自我的反思，而不必太过纠结于数据本身的准确度；如果测评效度相对较高，则数据的参考性相对较高，整体数据对于组织、团队及个体的启示更为精准。盘点结果的应用重点如表 2-18 所示。

表 2-18　盘点结果的应用重点

盘点方案	测评效度	盘点人数	资源投入	盘点结果应用重点
问卷测评	相对较低	不限	最少	• 基于整体数据的规律发现 • 个体的自我反思
评鉴中心（简化版）	中等效度	不限	其次	• 基于数据的组织效能提升 • 基于数据的核心人才布局 • 团队的优秀和较弱集群分布及发展建议 • 个体的自我反思及能力建议

续表

盘点方案	测评效度	盘点人数	资源投入	盘点结果应用重点
评鉴中心（专业版）	相对最高	不限	最多	• 基于数据的组织效能及组织优化建议 • 组织核心人才任用和布局 • 后备人才晋升的建议 • 团队排序及针对性发展建议 • 个体的能力及职业发展建议

盘点方案之问卷测评

问卷测评是采用问卷的方式进行评估，是三种人才盘点方案中效度相对较低的盘点方式。这种方式对于资源投入的要求较低，其结果通常应用于自我认知、人员辅导、培训分析等对效度要求不高的实际应用中。

问卷测评整体解决方案是指：在快速定义人才能力标准后，采用问卷测评实施人才盘点，最后就盘点结果推动组织和个体的改善。因为问卷测评的效度有限，盘点结果应用部分也比较有限，集中在组织和个体的一些整体分析及建议，具体如图 2-19 所示。

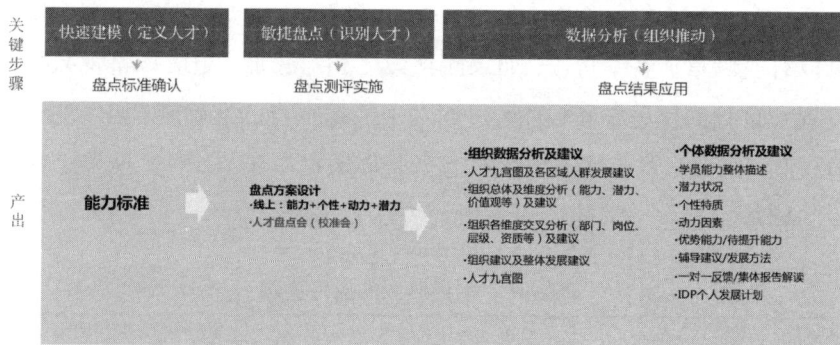

图 2-19　问卷测评整体解决方案

问卷测评的实施流程及产出如图 2-20 所示。

问卷测评实施包含四个关键流程。第一步，定义人才。产出能力素质模型。第二步，人才评估。先汇总业绩及人员基本信息，然后进行线上问卷测评，基于线上问卷结果产出个人预报告及组织预报告（因线上问卷受评估者主观判断影响较大，效度受限）。第三步，人才盘点会。通过线下的多维度沟通，校对线上分数，提高效度，产出个人终报告及组织终报告。第四步，盘点结果运用。基于最终数据进行高层报告反馈、个人/团队报告解读与反馈、组织任用建议及优化等，产出个人发展计划、人才梯队池及继任者计划、人才地图。

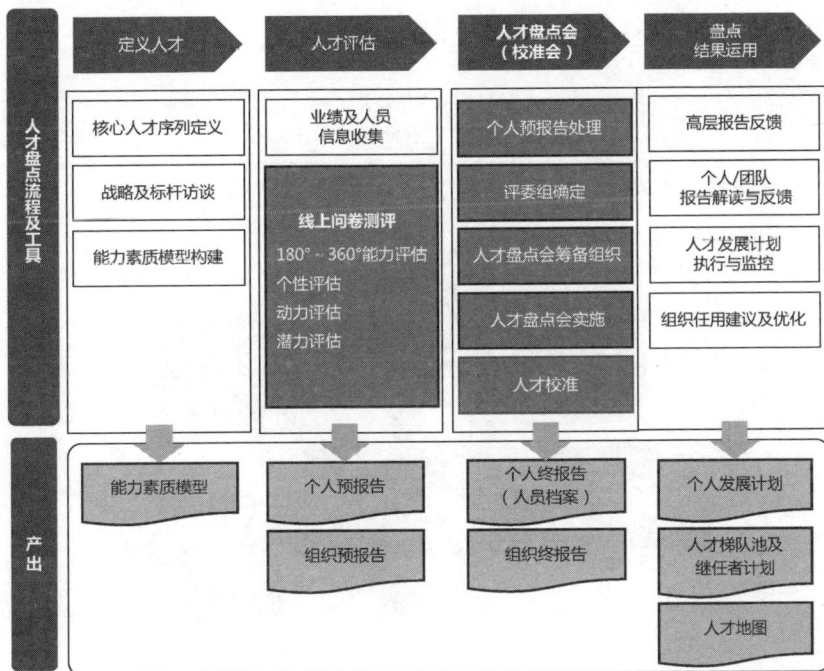

图 2-20　问卷测评的实施流程及产出

问卷测评不能仅局限于一个维度的问卷，依据冰山模型，其整体解决方案建议包含知识问卷、能力问卷、个性问卷、动力问卷及潜力评估等。这不仅是为了得到数据的结果，更大价值在于体检数据的完整度，有利于组织和人才的量化分析，基于数据分析为企业提供更为全面和精准的建议。问卷测评设计样本如表 2-19 所示。

表 2-19　问卷测评设计样本

维　　度	问卷设计解决方案
层级或岗位	• ××岗位定制能力模型
业绩	• 近 3 年绩效数据

续表

维　　度	问卷设计解决方案
知识、技能、经验（应知应会）	• 专业（应知） • 工作/项目经验 • 技能（应会）
能力（线上测评）	• 180°～360°能力问卷（管理能力/专业能力） • 180°文化适配问卷 • 个性问卷 • 动力问卷（可选） • 潜力问卷（可选）

能力问卷：180°～360°能力行为评估如图 2-21 所示.

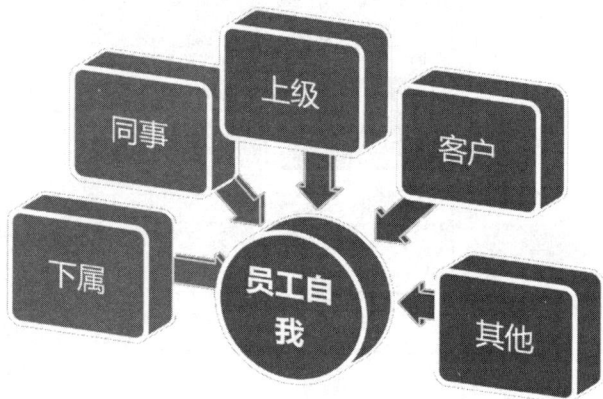

图 2-21　180°～360°能力行为评估

180°～360°能力行为评估即汇总多角色对个体工作行为表现的评估，从而对个体工作行为有效性做出更全面和准确的判断。评估的价值在于了解被评估者担任该岗位或层级的能力表现。

个性问卷：描述的是个体的行为偏好。在工作的时候，人们总会有一种偏好，往往符合人们的自然天性和能力，这种行为模式称为风格。个性报告描述了个体的行为倾向优劣势，以及如何风格调整、如何应对不同风格的人、如何选择最优的发展方向等。

动力问卷：描述的是个人驱动力和价值观导向。个人驱动力说明了你是谁、你要做什么，以及你在什么环境下会有所作为。

潜力问卷：描述了个体具有的潜在的能力和力量。潜力因素评估报告说明了未来能够成长的空间有多大。

人才盘点会示意图如图 2-22 所示。

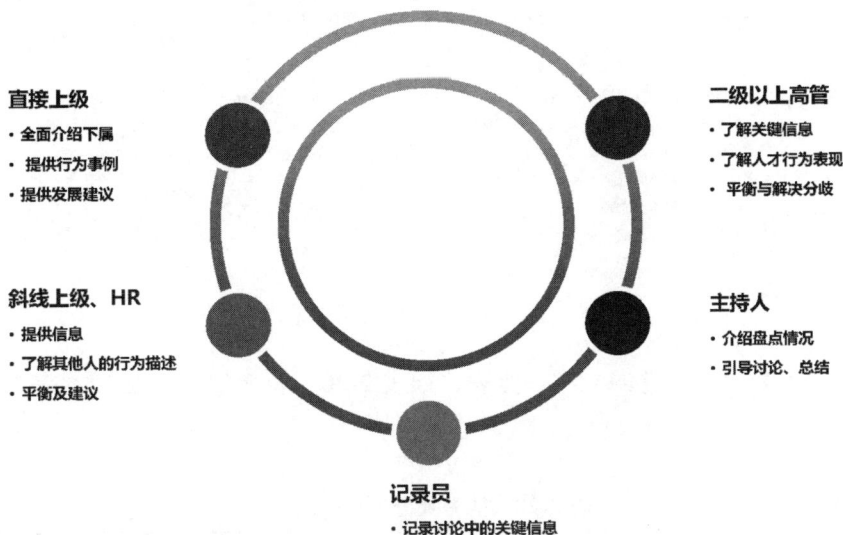

直接上级
· 全面介绍下属
· 提供行为事例
· 提供发展建议

二级以上高管
· 了解关键信息
· 了解人才行为表现
· 平衡与解决分歧

斜线上级、HR
· 提供信息
· 了解其他人的行为描述
· 平衡及建议

主持人
· 介绍盘点情况
· 引导讨论、总结

记录员
· 记录讨论中的关键信息

图 2-22　人才盘点会示意图

在线上测评完成后，基于线上数据结果，产出个人及组织的预报告。线上问卷的结果受限于评估者主观的判断，效度做不到能将所有不同打分者的评估结果放到一起去评估，原因是不同打分者的标准不同，因而需要再加入线下的人才盘点会，以提高线上预分数的效度。

人才盘点会会邀请多维度的评估者，共同对人才盘点的预分析结果进行校准，优化盘点结果。参加人选有直接上级、斜线上级、HR、二级以上高管及主持人，通过对被评估者的能力进行行为描述，优化并校准线上分数，提升评估的客观性。

人才盘点会的基本流程包括四个关键步骤：开场说明人才盘点会的目的、回顾线上测评结果、邀请打分人员澄清观点、校对团队整体分数。人才盘点会的基本话术如图 2-23 所示。

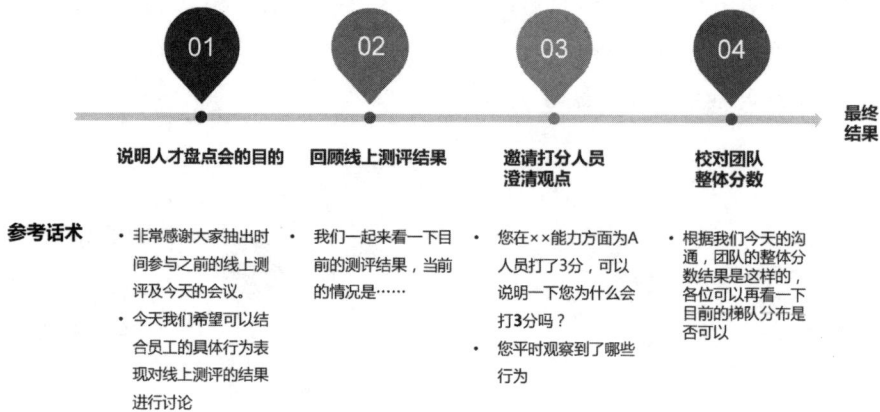

图 2-23　人才盘点会的基本话术

以下为测评问卷的分类一览表，如表 2-20、表 2-21、表 2-22、表 2-23 所示。

表 2-20　能力（行为）类问卷

工　具	描　　述	适 用 范 围
行政/销售、管理/技术成熟度测评	以行为分析为原理，通过考察具体职业行为的表现频率，反映员工职业胜任力的高低	岗位招聘、培训、选拔、能力发展及辅导
180°~360°管理问卷	通过测评对象的直接上级、同事、下属对其在工作中的各种典型行为或表现的评价，来衡量测评对象的相关素质水平	用于对管理者的评价、选拔与发展
领导力风格问卷	考察员工在管理情境中的决策，评估其领导力风格及应变性的高低	用于对管理层培训、选拔、辅导及发展
逻辑/推理测评问卷	对于逻辑分析、语言应用、推理能力的分析	新员工招聘
工作思考风格问卷	通过行为分析原理，了解自己惯用的思考方式，对有意识选择自身擅长的工作领域、工作情境具有指导意义	多应用于技术研发管理人员的招聘、评价、选拔与发展
影响力问卷	配合影响力课程，提出影响力提升的参考建议	适用于管理、营销、技术领域的管理者的领导力提升

表 2-21　个性（特质）类问卷

工　具	描　述	适用范围
职业情商问卷	职业情商是指情绪、情感、意志、压力等方面的能力，包含自信乐观、自我激励、情绪管理、适应性、同理心五大维度	广泛应用于招聘、选拔、能力发展、领导力培养
职场行为风格问卷	通过考察员工对于一些概念、意向的倾向性，反映其在四个基本倾向因子上（支配型、影响型、稳健型、服从型）的倾向性	广泛应用于招聘、选拔、能力发展、领导力培养、职业生涯规划
职业倾向性及发展问卷	基于荣格心理学理论的测评，对职业发展有独特的指导作用。该测评考察员工在四对基本心理特质上的倾向性，包括内向/外向、思维/情感、感觉/直觉、判断/知觉	广泛应用于招聘、选拔、能力发展、领导力培养、职业生涯规划
PDP 测评	测评管理者的个性特质、情绪状态等	广泛应用于招聘、选拔、能力发展、领导力培养、职业生涯规划
16PF	测评 16 种基本人格特质上的倾向性，包括内外倾向、自我控制、焦虑、情绪稳定性、完美主义倾向等	根据具体招聘选拔需要而定，也可用于教练辅导

表 2-22　动力类问卷

工　具	描　述	适用范围
职业动力问卷	职业动力是影响企业员工工作投入程度、对工作的满意度及是否愿意留在公司的关键因素。职业动力问卷根据职业心理学和管理学的研究成果，考察了员工包括升职、金钱、成就、氛围等在内的十余个动力因子，有助于设计最有效的激励方式来提高忠诚度，解决动力不足、工作效率低的问题，有效降低流失率	广泛应用于招聘和选拔、能力开发，以及职业生涯规划
新员工动力问卷	集中关注新晋员工最常面临的工作动力问题，有针对性地考察其敬业度，有效降低流失率	广泛应用于新员工的招聘、选拔、培养和留才

表 2-23　组织类问卷

工　　具	描　　述
员工满意度/乐业度问卷	员工乐业度是针对员工敬业度和忠诚度的测评，精准描述员工对其工作或雇主的一种情感联系或承诺。维度包含直属主管满意度、公司整体感受、工作性质、战略方向与领导力、工作环境、团队合作、企业沟通、客户导向、学习与发展、持续改进和创新、绩效管理、薪酬福利等，为企业提供预警和指导，从而进行引导和控制，最大限度地反映员工的乐业度因素，确保企业对核心员工保留、利润、效率和客户满意度这四个硬指标的达成
组织温度问卷	反映企业在经营战略、经营模式、管理模式、管理制度、企业文化建设、工作环境建设等方面的综合状况及水平
团队成熟度问卷	通过对组织行为的分析，来协助管理者调整管理方法，运用合适的管理手段来提高团队整体绩效

盘点方案之评鉴中心（简化版）

评鉴中心（简化版）通常采用两种测评工具进行评鉴，其测评效度中等，资源投入适中，盘点结果通常应用于人才梯队培养、高潜人才识别、招聘选拔等方面。

在定义人才后，采用评鉴中心（简化版）实施人才盘点，并就盘点结果推动组织和个体的改善。因盘点结果的效度相对较高，因而盘点结果的应用相对问卷测评的方法会更深入和完整，产出的组织及个人发展的分析及建议会更精准。评鉴中心（简化版）整体解决方案如图 2-24 所示。

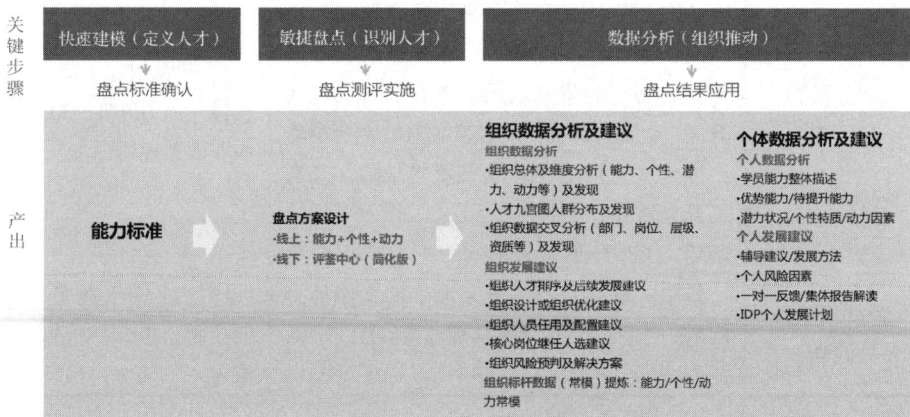

图 2-24　评鉴中心（简化版）整体解决方案

评鉴中心（简化版）的实施流程及产出如图 2-25 所示。

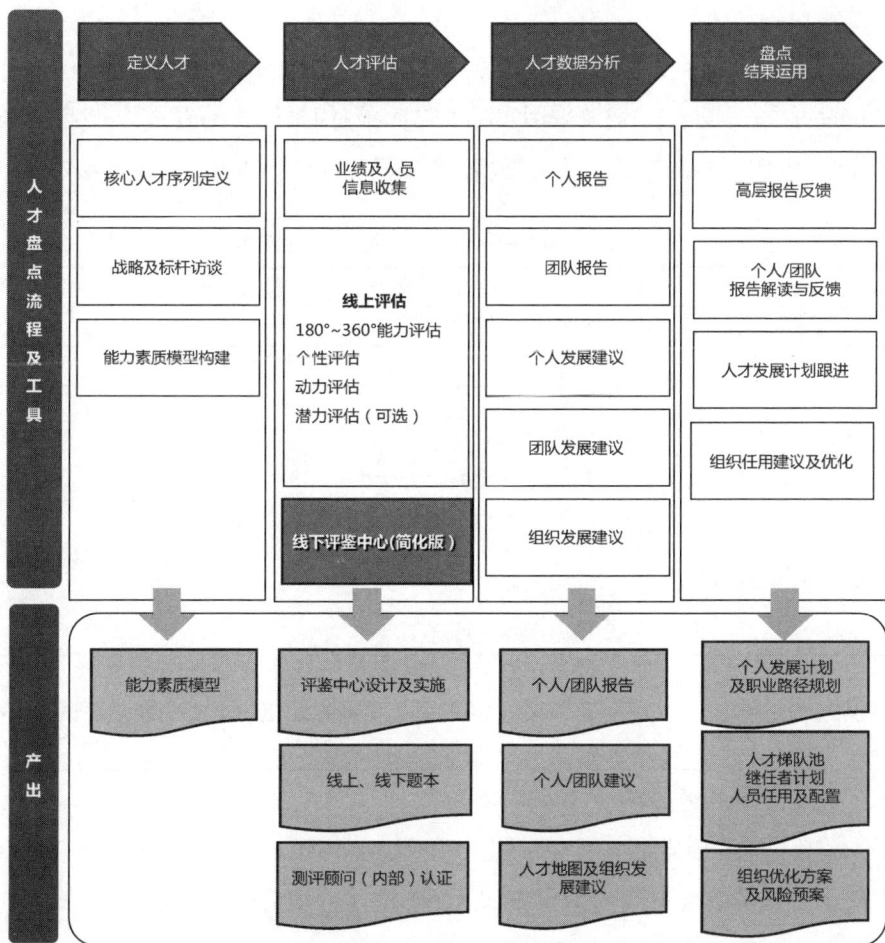

图 2-25　评鉴中心（简化版）的实施流程及产出

评鉴中心（简化版）包含四个关键流程。第一步定义人才。产出能力素质模型。第二步人才评估。先汇总业绩及人员基本信息，然后实施线上问卷+线下评鉴中心（简化版），产出评鉴中心设计及实施，线上、线下题本，测评顾问（内部）认证。评鉴中心（简化版）具备较高效度，因而能直接进行第三步人才数据分析，产出个人/团队报告、个人/团队发展建议、人才地图及组织发展建议。第四步盘点结果运用，可以并行高层及个人反馈。高层反馈内容包含人才梯队池、继任者计划、人员任用及配置、组织

优化方案及风险预案等，个人反馈内容包含个人产出个人发展计划及职业
路径规划等。

评鉴中心（简化版）设计的难点是线下评鉴中心的设计。对于企业内部
实施的可操作性而言，建议采用实际工作简报+简报问答的方式，或者业务案
例分析+案例汇报的方式，或者情境面试+行为面试的方式，如表 2-24 所示。

表 2-24　评鉴中心（简化版）设计样本

维　　　度	评鉴中心设计解决方案
层级或岗位	• ××岗位定制能力模型
业绩	• 近 3 年绩效数据
知识、技能、经验 （应知应会）	• 专业（应知） • 工作/项目经验 • 技能（应会）
能力（线上测评）	• 180°～360°能力问卷（管理能力/专业能力） • 个性问卷 • 动力问卷 • 潜力问卷（可选）
能力（线下测评）	• 线下评鉴中心（简化版） （工作简报+简报问答、案例分析+案例汇报、情境面试+行为面试）

盘点方案之评鉴中心（专业版）

评鉴中心（专业版）通常采用三种或以上测评工具组合评估，是三种人
才盘点设计中效度最高的盘点方式，资源投入也相对较高，盘点结果通常应
用于人才晋升、人员调配、薪酬福利等方面。

在定义人才后，实施人才盘点，采用评鉴中心（专业版）实施人才盘点，
并就盘点结果实施组织和个体的改善和推动。盘点结果的效度相对最高，因
而组织及个体分析的有效性和可参考性最高。评鉴中心（专业版）整体解决
方案如图 2-26 所示。

评鉴中心（专业版）的实施流程及产出如图 2-27 所示，与评鉴中心（简
化版）相似，唯一不同的是线下评鉴中心的设计。对于企业可操作性而言，
建议采用无领导小组讨论+角色扮演+案例分析或无领导小组讨论+工作简
报+行为面试两种方式。

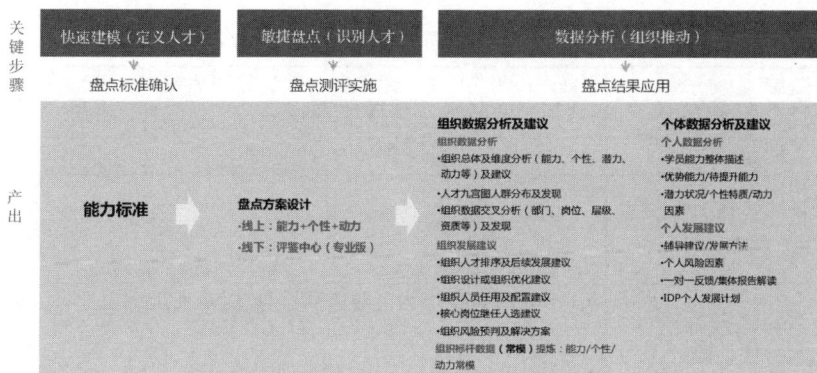

图 2-26　评鉴中心（专业版）整体解决方案

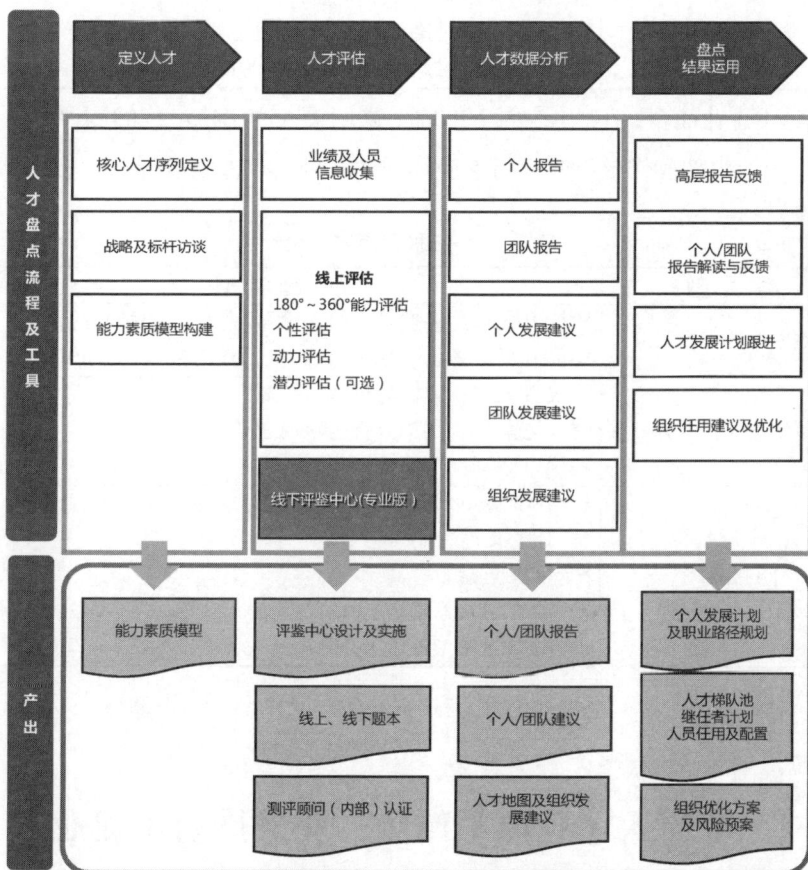

图 2-27　评鉴中心（专业版）的实施流程及产出

评鉴中心（专业版）设计样本如表 2-25 所示。

表 2-25 评鉴中心（专业版）设计样本

维　　度	评鉴中心设计解决方案
层级或岗位	• ××岗位定制能力模型
业绩	• 近 3 年绩效数据
知识、技能、经验 （应知应会）	• 专业（应知） • 工作/项目经验 • 技能（应会）
能力（线上测评）	• 180°～360°能力问卷（管理能力/专业能力） • 个性问卷 • 动力问卷 • 潜力问卷（可选）
能力（线下测评）	• 线下评鉴中心（专业版） （无领导小组讨论+角色扮演+案例分析或 无领导小组讨论+工作简报+行为面试）

对于企业而言，在确保效度的同时，采用投入产出比最优的测评方法尤为关键。企业内部操作效度高且可实施性强的三种盘点方案设计如表 2-26 所示。

表 2-26 三种盘点方案设计

类　　型	方　案　设　计
评鉴中心（专业版）	建议方案一：无领导小组讨论+角色扮演+案例分析 建议方案二：无领导小组讨论+工作简报+行为面试
评鉴中心（简化版）	建议方案一：工作简报+简报问答 建议方案二：案例分析+案例汇报 建议方案三：情境面试+行为面试
问卷测评	• 180°～360°能力问卷（管理能力/专业能力） • 180°文化适配问卷 • 个性问卷 • 动力问卷（可选） • 潜力问卷（可选）

2.4　敏捷人才管理第四步：业务推动（促业务）

企业在完成组织"体检"后，接下来就是依据盘点结果"强身健体"，让组织效能更为高效且产出质量更好，因而透析盘点数据背后的意义对于企业尤为关键。更好地利用数据优化组织效能及提升个体能力，进而达成对战略和业务的支持是盘点的终极目标。

2.4.1　基于业务的数据分析

如何让盘点后的数据更有价值？关键要从数据中透析业务问题所在，从人和组织层面分析对业务的影响，进而"对症下药"，最终解决业务问题。

数据可以从三大维度去分析（见表 2-27、表 2-28），包括数据分析、发展建议、常模数据。在做组织数据分析的时候往往有一个误区，人们会花大量的时间和精力在数据分析的精准度上，但事实上更为重要的是基于数据所带来的对于组织及个体的建议和优化，以及建立组织常模。用大数据的方式协助提高人才决策的速度和有效性，可以减少未来用人上的风险，确保人力及组织效能的产出。

表 2-27　组织盘点数据分析建议

组织数据分析	组织发展建议	组织常模数据
组织总体分数分析及发现 • 总体排名 • 人群排名 • 数据发现 **组织各维度数据分析及发现** • 资质、经验、专业、基本信息等分析 • 能力维度分析 • 个性维度分析 • 动力维度分析 • 潜力维度分析 • 数据发现 **组织数据交叉分析及发现** • 各部门数据分析 • 各岗位数据分析 • 各层级数据分析 • 其他数据交叉分析 • 数据发现 **人才九宫图数据分析及发现** • 九宫人才分布 • 数据发现	**组织优化及人员布局建议** • 组织设计或组织优化建议 • 组织人员任用及配置建议 • 核心岗位继任人选建议 • 组织风险预判及解决方案 **组织核心人才及梯队人才发展建议** • 组织核心人才发展建议 • 组织梯队人才发展建议 • 组织整体培训规划建议 • 多轨职业路径建议 **关键人才任用及发展建议** • 关键人才任用建议 • 关键人才风险管理建议 • 关键人才发展建议 • 关键人才职业规划建议	**核心岗位常模数据提炼** • 核心岗位能力常模（标杆数据） • 核心岗位个性常模（标杆数据） • 核心岗位动力常模（标杆数据）

表 2-28 个体盘点数据分析建议

个体数据分析	个体发展建议	个体常模数据
个体能力得分及发现 • 个体能力整体描述 • 与内、外部标杆人群能力对比 **个体能力潜力、动力、个性分析及发现（优势能力/弱势能力）** • 个体能力与标杆对比分析 • 个体潜力分析 • 个体动力分析 • 个体个性分析	**个体优化及发展建议** • 个体发展方法建议 • 个体辅导重点建议 • 个体风险应对建议 • 个体职业发展建议 **个人报告反馈及辅导** • 一对一反馈辅导 • 团队反馈辅导 • 个人发展计划	核心岗位常模数据提炼

2.4.2 盘点数据业务应用

2.4.2.1 盘点应用一：组织数据分析

1. 组织总体分数分析与发现

数据分析定义：组织能力总分、业内对标、组织人员排名及集群分布。

（1）总体排名。

组织能力总分与标杆数据的对比，可清晰提供团队整体能力与业内标杆之间的差距对比，如图 2-28 所示。

（2）人群排名。

组织人员的总分排序，并且按照人群强弱形成不同集群，可清晰提供组织层面的优秀人才清单及人群分布，如图 2-29 所示。

（3）数据发现。

组织能力总分与标杆数据之间的差距：差距越大，则整体支持业务的能力越弱，战略及业务的转型或落地较难得到组织及个体强有力的支持，造成有效落地的风险增大。反之，则体现组织支持战略的能力较强。

第一集群（能力优秀人群）占比人数：占比越小，说明优秀人才数量较少，而可用优秀人才少会造成组织整体人效偏低、战略及业务推动的速度放缓，换句话说，核心岗位可用的人不多，且核心人才流失，就会对业务带来较为严重的影响和风险。反之，则说明优秀人才数量多，组织风险较低。

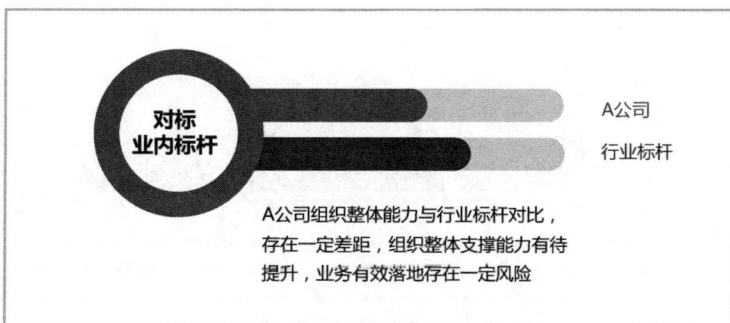

图 2-28　组织能力与标杆对比

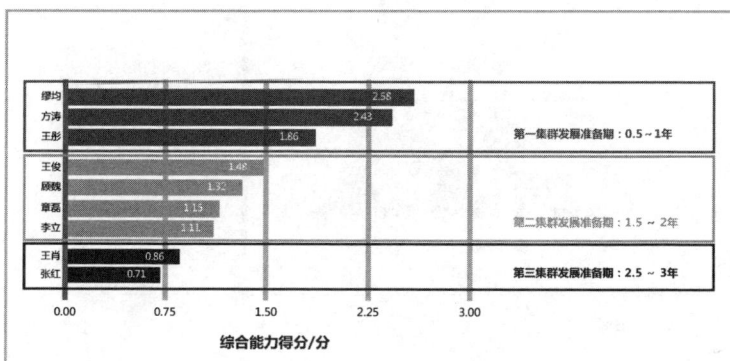

图 2-29　组织人员排名及集群分布

2. 组织各维度数据分析与发现

数据分析定义：组织各能力、潜力、动力和个性偏好数据分析，以及与标杆的能力/潜力的差距分析，如图 2-30 所示。

组织能力分析：组织核心岗位/管理团队的各能力分数、组织/团队优劣能力现状分析，以及对标差距分析。

组织潜力分析：组织核心岗位/管理团队的潜力分数/潜力现状分析，以及基于现状的组织/团队未来发展空间分析。

组织动力分析：组织核心岗位/管理团队的动力现状分析，可量化组织/团队的动力特点。

组织个性分析：组织核心岗位/管理团队的个性偏好分析，可量化组织/团队的个性偏好特点。

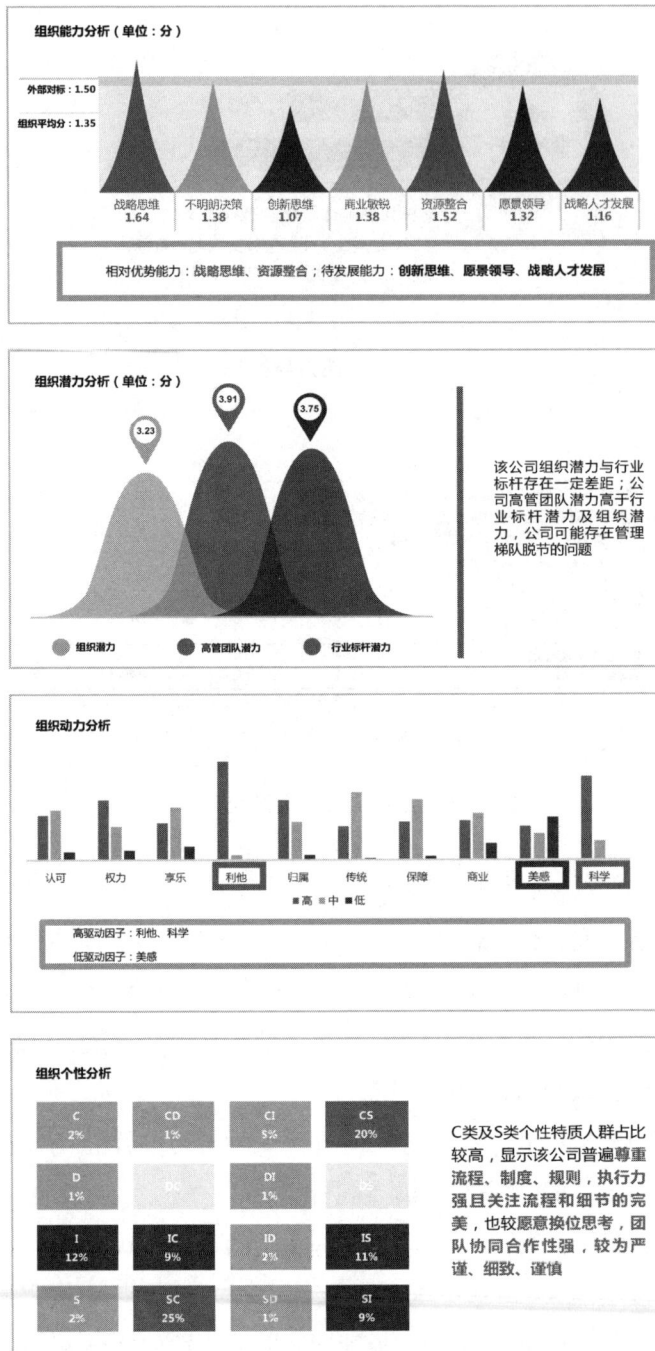

组织能力分析（单位：分）

外部对标：1.50
组织平均分：1.35

| 战略思维 1.64 | 不明朗决策 1.38 | 创新思维 1.07 | 商业敏锐 1.38 | 资源整合 1.52 | 愿景领导 1.32 | 战略人才发展 1.16 |

相对优势能力：战略思维、资源整合；待发展能力：**创新思维、愿景领导、战略人才发展**

组织潜力分析（单位：分）

3.23　3.91　3.75

该公司组织潜力与行业标杆存在一定差距；公司高管团队潜力高于行业标杆潜力及组织潜力，公司可能存在管理梯队脱节的问题

● 组织潜力　● 高管团队潜力　● 行业标杆潜力

组织动力分析

认可　权力　享乐　利他　归属　传统　保障　商业　美感　科学

■高 ■中 ■低

高驱动因子：利他、科学
低驱动因子：美感

组织个性分析

C 2%	CD 1%	CI 5%	CS 20%
D 1%	DC	DI 1%	DS
I 12%	IC 9%	ID 2%	IS 11%
S 2%	SC 25%	SD 1%	SI 9%

C类及S类个性特质人群占比较高，显示该公司普遍尊重流程、制度、规则，执行力强且关注流程和细节的完美，也较愿意换位思考，团队协同合作性强，较为严谨、细致、谨慎

图 2-30　组织各维度数据分析

数据发现

（1）组织能力分析。

某能力与标杆数据之间的差距越大说明公司在该能力上整体较弱。如果该能力与公司业务或未来战略的核心竞争力相关，需引起重视，因为这会造成公司战略和业务的风险，以及公司的竞争能力持续降低。反之，则说明在某些核心能力上整体较强，业务达成的组织支撑能力是足够的。

（2）组织潜力分析。

如果组织潜力分数偏弱，则意味着组织转型及创新的能力不够，公司未来发展空间和增长潜力受限，核心竞争力有持续降低的风险。产生这种现象最大的可能性是在选才及晋升上的决策思路更偏向经验及眼前问题的解决，或者是高潜员工流失率的增加（文化、领导力、薪酬等原因）。当务之急是尽快在选才和晋升环节加以改善，大胆任用和选拔高潜员工。

（3）组织动力分析。

如果组织整体动力偏弱，尤其是核心员工动力数据偏弱，则意味着组织没有被激活，组织战略和业务的推动速度会受到较大影响，且核心员工离职风险增大。产生这种现象最大的可能性是在绩效评估、绩效薪酬设计上有问题，或者公司文化、领导力上有问题，应尽快分析并采取相应的解决方案。

（4）组织个性分析。

个性没有对错，但组织个性会影响公司的组织文化和决策风格。如果数据呈现趋同的一种或几种风格，则需针对不同风格的人群进行更为精准的匹配度分析，强化个体及团队成熟度的培养，同时增强个体及组织的包容性和弹性。

3. 组织数据交叉分析及发现

数据交叉分析定义：不同部门、区域、岗位、层级等的数据交叉分析，包含能力、潜力、动力和个性的分析，以及对标分析及交叉数据分析。交叉数据分析样本如图 2-31 所示。

不同区域数据对标分析：不同维度的数据分析，量化能力现状并进行对标差距分析。

　　不同岗位各能力数据分析及对标分析：不同岗位各数据分析，量化岗位的能力现状和对标差距。

　　不同层级数据交叉分析：不同层级的数据分析，量化不同层级的能力现状及对比分析。

　　基本信息交叉分析：性别、年资、经验、专业认证等基本信息分析，量化并发现可能的相关性。

不同区域中层管理者整体能力对比（单位：分）

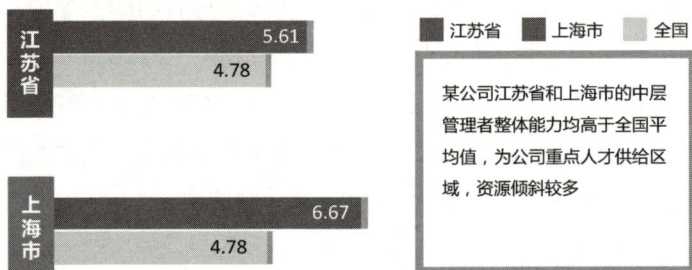

江苏省　5.61　4.78

■ 江苏省　■ 上海市　■ 全国

某公司江苏省和上海市的中层管理者整体能力均高于全国平均值，为公司重点人才供给区域，资源倾斜较多

上海市　6.67　4.78

不同岗位高层管理者领导力对比（单位：分）

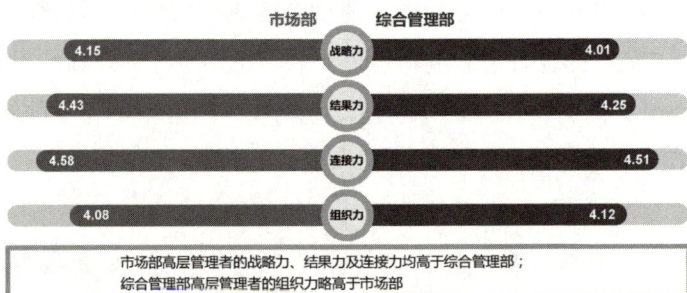

市场部　　综合管理部

4.15　战略力　4.01
4.43　结果力　4.25
4.58　连接力　4.51
4.08　组织力　4.12

市场部高层管理者的战略力、结果力及连接力均高于综合管理部；
综合管理部高层管理者的组织力略高于市场部

不同层级能力对比分析（单位：分）

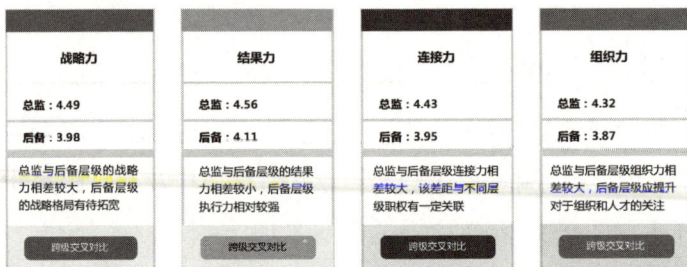

战略力	结果力	连接力	组织力
总监：4.49	总监：4.56	总监：4.43	总监：4.32
后备：3.98	后备：4.11	后备：3.95	后备：3.87
总监与后备层级的战略力相差较大，后备层级的战略格局有待拓宽	总监与后备层级的结果力相差较小，后备层级执行力相对较强	总监与后备层级连接力相差较大，该差距与不同层级职权有一定关联	总监与后备层级组织力相差较大，后备层级应提升对于组织和人才的关注
跨级交叉对比	跨级交叉对比	跨级交叉对比	跨级交叉对比

图 2-31　交叉数据分析样本

基本信息交叉分析

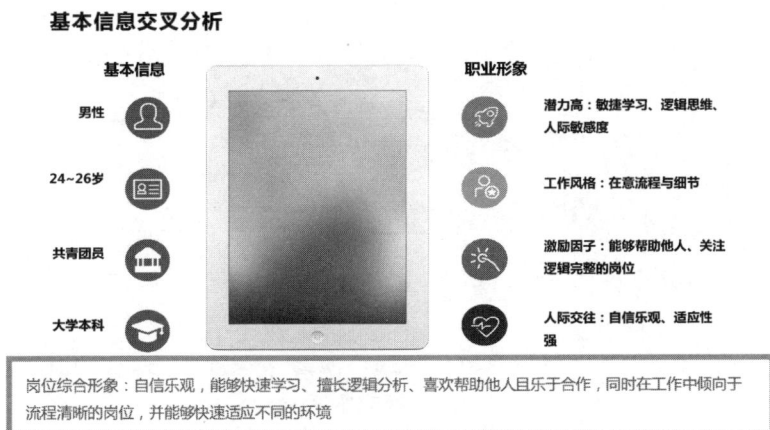

基本信息		职业形象
男性		潜力高：敏捷学习、逻辑思维、人际敏感度
24~26岁		工作风格：在意流程与细节
共青团员		激励因子：能够帮助他人、关注逻辑完整的岗位
大学本科		人际交往：自信乐观、适应性强

岗位综合形象：自信乐观，能够快速学习、擅长逻辑分析、喜欢帮助他人且乐于合作，同时在工作中倾向于流程清晰的岗位，并能够快速适应不同的环境

图 2-31　交叉数据分析样本（续）

数据发现

（1）不同部门/区域/岗位/层级数据对标分析。

差距最大的维度意味着是公司相对人才供给较弱的区域，如果正好是公司战略或战术核心人才，则需要重点加强，或者尽快调整负责人。

（2）不同部门/区域/岗位/层级数据交叉分析。

如果相对较弱，则意味着该维度面临较大的问题和风险，需尽快分析产生原因并做出针对性调整。

（3）基本信息交叉分析。

从不同信息的交叉分析中，发现可能的风险和问题，如年龄整体偏大的可能风险是对于数字化时代的理解和把握，以及业务的创新突破不够等；年龄整体偏小的可能风险是管理的成熟度不够、决策的冲动性较大等。

4. 人才九宫图数据分析及发现

在能力数据产生后，依据业绩水平与能力素质两个维度做出人才九宫图（业绩代表的是员工的现在和过去，能力代表的是员工的现在和未来）。将人员数据放入九宫图中，可以将员工归类成四大集群：高潜力集群、稳定贡献集群、待发展集群及待考量集群。人才九宫图示例如图 2-32（a）、图 2-32（b）所示。

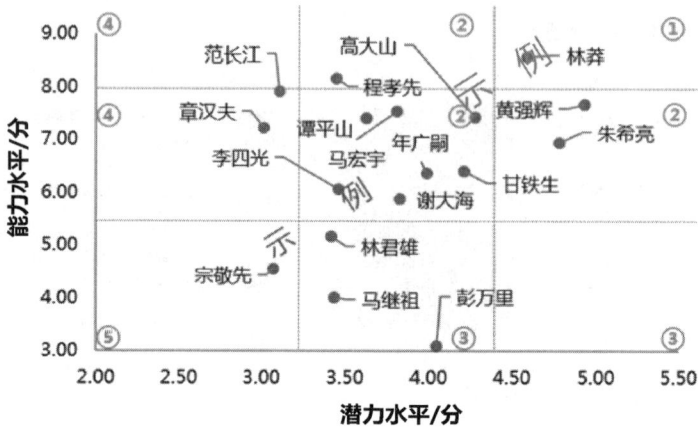

图 2-32（a） 人才九宫图示例

能力素质（能力+潜力）

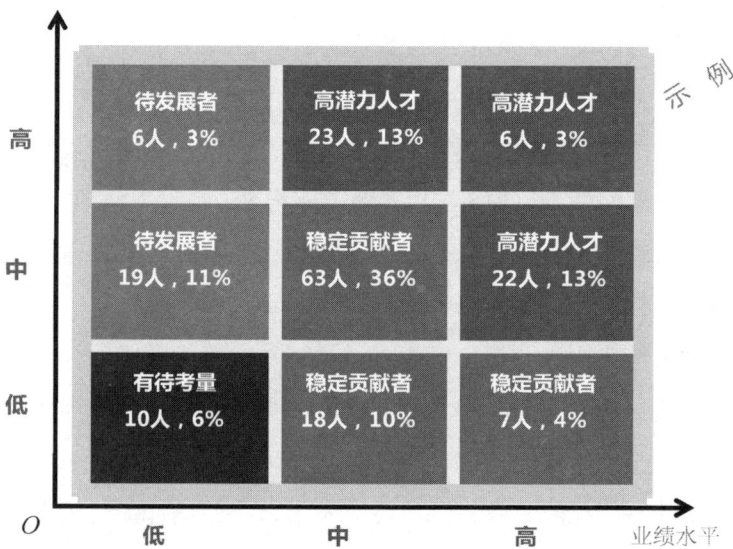

图 2-32（b） 人才九宫图示例

针对四大集群人员应采用不同的发展手段及激励手段，具体建议如图 2-33 所示。

高潜力集群：一般占公司总人群比例的 15%～30%，对于集群中 O 类员工（非常优秀者）建议重点激励并协助其规划未来的发展，同时注意对这类核心人才的保留。

对于集群中两种 E 类员工（优秀者），建议合理激励。针对能力弱、业绩强人群强化能力改善，针对业绩弱、能力强人群强化业绩辅导。

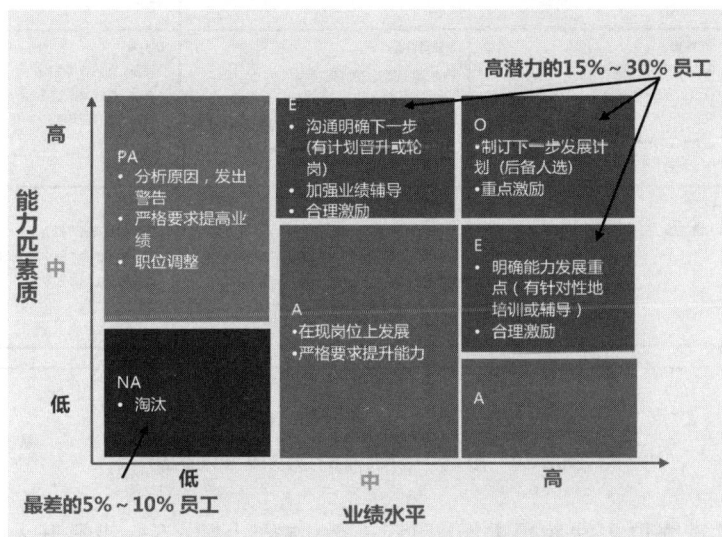

图 2-33　基于人才九宫图分析的发展建议

稳定贡献集群： A 类集群员工（表现尚可者）在本岗位的业绩表现较好，但能力并不是很强，更多的产出是态度或经验、资历带来的。针对此类员工，需强化在本岗位的能力持续成长。考虑到此类人群的能力有限、未来成长潜力不大，暂时不用考虑太多的提拔和晋升。

待发展集群： PA 类集群员工（有问题者或有欠缺者）能力还不错，但业绩堪忧。针对此类员工，分析业绩差的原因，直接发出警告，同时协助其制订绩效改进计划，必要时做出职位调整。

待考量集群： NA 类集群员工，即绩效差、能力差的员工，一般占整体人群的 5%～10%，建议尽快淘汰。

针对不同群体的激励或管理措施如图 2-34 所示，企业可以根据实际情况采用针对性的方案。

滚动人才分析及规划

可以根据盘点的结果，分析并设计企业未来 5 年的滚动人才规划，确保企业人才储备对于战略的支撑力度，提早预判提早储备，避免人才断层。

图 2-34 针对不同群体的激励或管理措施

	业绩水平：低	业绩水平：中	业绩水平：高
能力素质：高	**有欠缺者** · 暂停加薪及晋升机会 · 要求努力工作提高绩效 · 轮换岗位，给予第二次机会	**优秀者** · 奖励：加薪及较多的奖金 · 鼓励：争取更多绩效 · 机会：具有晋升的条件	**非常优秀者** · 各种机会和奖励 · 高额加薪及奖金 · 连续获得则可优先晋升 · 其他各种奖励
能力素质：中	**有问题者** · 停止一切机会与奖励 · 在绩效方面严格要求，并要求参加培训和学习 · 进入观察期，做下一步考虑 · 考虑减薪	**表现尚可者** · 对加薪和晋升均需慎重考虑 · 提出绩效要求 · 培训提高能力/技能，但不要让他们阻碍部门中有才华员工的发展	**优秀者** · 奖励：加薪及较多的奖金 · 鼓励：继续提高素质 · 机会：具有晋升的条件
能力素质：低	**失败者** · 立即淘汰	**有问题者** · 停止一切机会与奖励 · 在能力和素质方面严格要求，并要求增加绩效 · 进入观察期，考虑下一步如何处理 · 考虑减薪	**有欠缺者** · 暂停加薪及晋升机会 · 给一年的机会，要求其提高能力和素质 · 要求其参加培训和学习

某关键岗位人才数量差距=目标人数-在岗人数-下一级晋升人数-外部招聘人数+这一级晋升人数+离职/退休人数

某公司每年的晋升、培养和招聘计划如图 2-35 所示。现状：某公司现核心人才 105 人；5 年后：核心人才达到 203 人，基于此目标制订了每年的晋升、培养和招聘的滚动计划。

现有在岗人数：**773人**，其中核心人才数：105人；预计第5年核心人才数：**203人**

年 / 职级	2018	第1年 2019	第2年 2020	第3年 2021	第4年 2022	第5年 2023
M7	......	......	......	......	......	......
......				......		
M4	现有:30 原在岗27 新晋升2 新入:2 流失:1	目标:35 原在岗30 新晋升:1 新入:1 流失:0	38 33 3 1 0			目标:42 原在岗38 新晋升:1 新入:1 流失:1
M3	现有:25 原在岗23 新晋升2 新入:1 流失:1	目标:28 原在岗22 新晋升:3 新入:2 流失:2	32 21 4 4 2			目标:40 原在岗33 新晋升:3 新入:3 流失:0
M2	现有:22 原在岗21 新晋升2 新入:1 流失:2	目标:25 原在岗17 新晋升:2 新入:3 流失:1	28 15 5 3 2	......		目标:35 原在岗30 新晋升:2 新入:1 流失:1
M1	现有:15 原在岗14 新晋升2 新入:1 流失:2	目标:19 原在岗12 新晋升:2 新入:3 流失:1	22 12 1 4 1			目标:28 原在岗22 新晋升:3 新入:1 流失:1
P4	现有:10 原在岗9 新晋升2 新入:0 流失:1	目标:13 原在岗6 新晋升:3 新入:3 流失:2	17 9 8 0 1			目标:23 原在岗16 新晋升:7 新入:1 流失:1

图例：现有 / 目标 / 原在岗 / 新晋升及新入 / 流失

注：表格中数据均为核心人才数量，单位为"人"。

图 2-35 某公司每年的晋升、培养和招聘计划

5. 组织优化及人员布局建议

围绕盘点中的关键洞察，结合实际业务现状，提供组织优化及人员布局建议，包含组织设计或组织优化建议、组织人员任用及配置建议、核心岗位继任人选建议、组织风险预判及解决方案。组织优化及人员布局建议样本如图 2-36 所示。

组织设计或组织优化建议

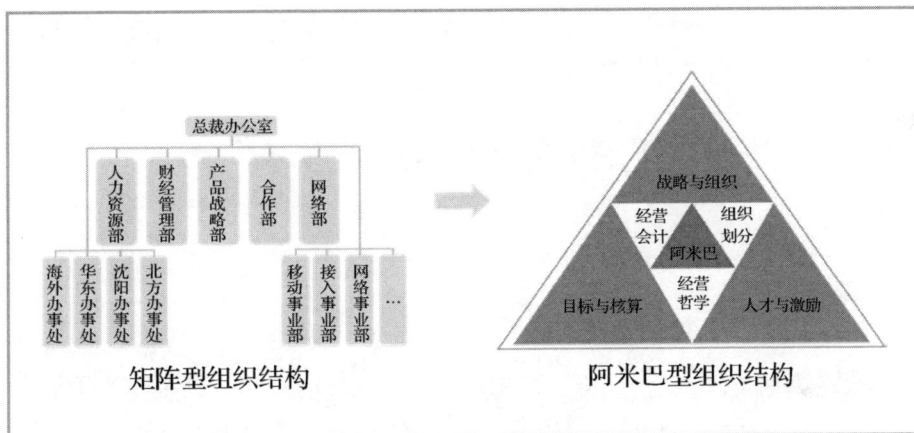

矩阵型组织结构

阿米巴型组织结构

组织人员任用及配置建议

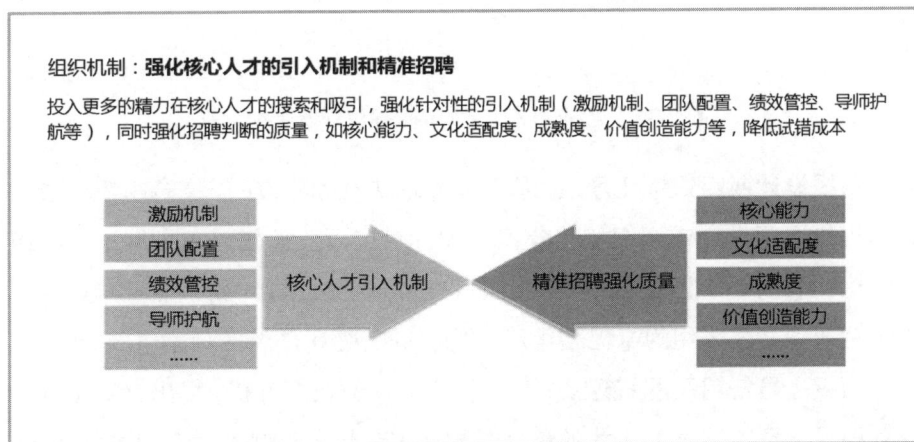

组织机制：**强化核心人才的引入机制和精准招聘**

投入更多的精力在核心人才的搜索和吸引，强化针对性的引入机制（激励机制、团队配置、绩效管控、导师护航等），同时强化招聘判断的质量，如核心能力、文化适配度、成熟度、价值创造能力等，降低试错成本。

激励机制
团队配置
绩效管控
导师护航
……
核心人才引入机制

精准招聘强化质量
核心能力
文化适配度
成熟度
价值创造能力
……

图 2-36 组织优化及人员布局建议样本

核心岗位继任人选建议

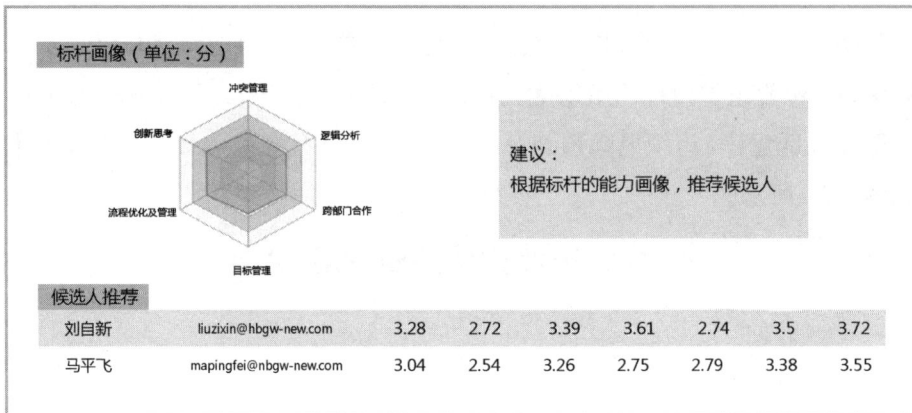

标杆画像（单位：分）

建议：
根据标杆的能力画像，推荐候选人

候选人推荐

姓名	邮箱							
刘自新	liuzixin@hbgw-new.com	3.28	2.72	3.39	3.61	2.74	3.5	3.72
马平飞	mapingfei@nbgw-new.com	3.04	2.54	3.26	2.75	2.79	3.38	3.55

组织风险预判及解决方案

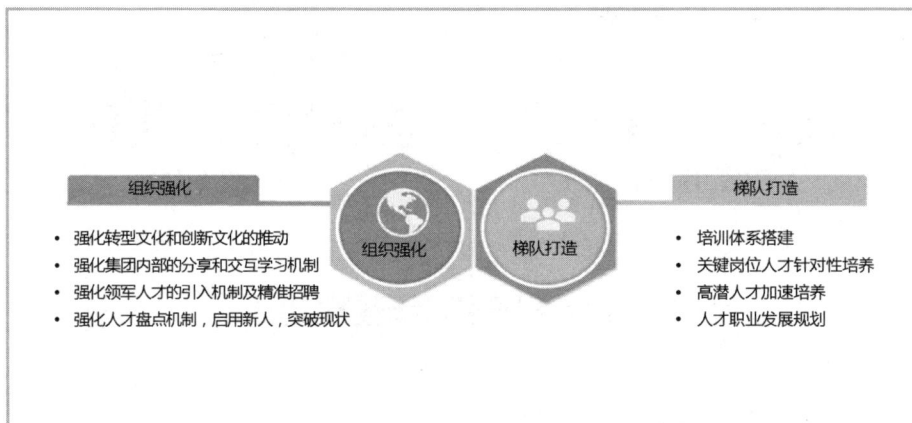

组织强化
- 强化转型文化和创新文化的推动
- 强化集团内部的分享和交互学习机制
- 强化领军人才的引入机制及精准招聘
- 强化人才盘点机制，启用新人，突破现状

梯队打造
- 培训体系搭建
- 关键岗位人才针对性培养
- 高潜人才加速培养
- 人才职业发展规划

图 2-36　组织优化及人员布局建议样本（续）

　　组织设计或组织优化建议：基于业务现状及战略方向，结合组织的能力数据提出组织设计或组织优化建议，如针对主营业务建议多采用矩阵型组织结构，针对成长业务建议多采用项目型组织结构，针对新兴业务建议独立在主营业务之外采用阿米巴型组织结构，同时强化创新的激励方式。

　　组织人员任用及配置建议：基于核心人才的数据分析，提出针对不同的业务模式配置不同类型人才的最佳适配建议，如经营型人才适配主营业务、突破型人才适配成长业务、创业型人才适配新兴业务。

核心岗位继任人选建议：基于人才库后备人才的数据分析，提供核心岗位接班人建议，尤其是继任人选建议，不仅看资历、经验和绩效，更强调对于潜力的判断，让继任人选的判断更具前瞻性。

组织风险预判及解决方案：基于数据分析组织风险（如组织的创新能力是否足够？组织对于新技术、新观念的接受程度，以及对于试错的包容度是否足够？组织的敏捷度是否足够？后备梯队是否出现断层），给出务实可行的解决方案（如组织创新能力不足的原因可能是招聘及晋升的判断标准、管理者对于试错的包容、创新激励机制的解决方案有问题等）。

6. 组织核心人才及梯队人才发展建议

围绕盘点中的数据发现及数据分析，结合业务现状，提供组织核心人才及梯队人才发展建议，包含组织核心人才发展建议、组织梯队人才发展建议、组织整体培训规划建议、多轨职业路径建议。组织核心人才及梯队人才发展建议样本如图 2-37 所示。

组织核心人才发展建议：针对组织核心人才提供针对性的人才发展建议，从知识、能力、个性及动力维度全面分析，并给出针对性的解决方案。例如，知识缺失采用培训的方法，能力提升采用教练的方法，个性改善需先强化个人反思，动力改善则需要设计针对性的激励方案并辅以导师辅导。

组织梯队人才发展建议：依据数据分析，企业可以规划梯队项目的轻重缓急，因为企业人才补给线的风险取决于人才梯队最弱的部分。针对组织中价值产出高，且市场人才稀缺的核心岗位，需优先强化梯队人才的储备和培养，确保核心人才不出现断层。

组织整体培训规划建议：基于组织盘点数据中的组织能力弱势，提供针对性的培训规划及课程体系设计，包含不同层级的必修课和选修课课程体系。

多轨职业路径建议：只有企业内部的人才流动起来，才能让组织更敏捷、更具活力。基于各岗位的能力模型，建立组织内部的多轨发展路径，然后根据盘点结果提供组织及个体职业发展建议，在优化组织效能的同时也给个体更多的职业发展机会，降低流失率，提高乐业度。

组织核心人才发展建议

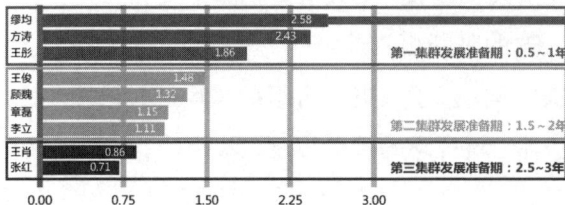

	综合能力得分/分			
缪均			2.58	
方涛			2.43	
王彤		1.86		第一集群发展准备期：0.5～1年
王俊		1.46		
顾巍		1.32		
章磊	1.15			第二集群发展准备期：1.5～2年
李立	1.11			
王肖	0.86			第三集群发展准备期：2.5～3年
张红	0.71			

0.00   0.75   1.50   2.25   3.00

综合能力得分/分

有待提升的能力：
战略布局时的风险意识、组织资源整合中的成熟度，以及管理中的量化管控意识
发展方法：
• 现岗位锻炼
• 参加重大战略工程、重大项目、重大活动等

组织梯队人才发展建议

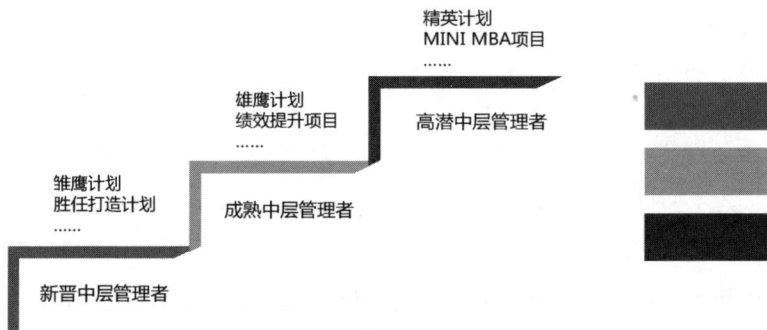

精英计划
MINI MBA项目
……

雄鹰计划
绩效提升项目

高潜中层管理者

雏鹰计划
胜任打造计划
……

成熟中层管理者

新晋中层管理者

组织整体培训规划建议

推动团队执行系列	部门战略规划与执行系列	战略决策能力构建系列
创新思维学习系列	创新思维执行与落地系列	创新管理能力构建系列
解决问题方法系列	商业思维建立与使用系列	价值定位能力构建系列
沟通与信任的建立系列	跨部门合作沟通协作系列	建立联盟能力构建系列
关注员工高绩效产出系列	团队搭建与愿景领导系列	实现变革能力构建系列
团队搭建从招聘开始系列	辅导团队产出高绩效系列	组织发展能力构建系列

基层领导者　　　中层领导者　　　高层领导者

图 2-37　组织核心人才及梯队人才发展建议样本

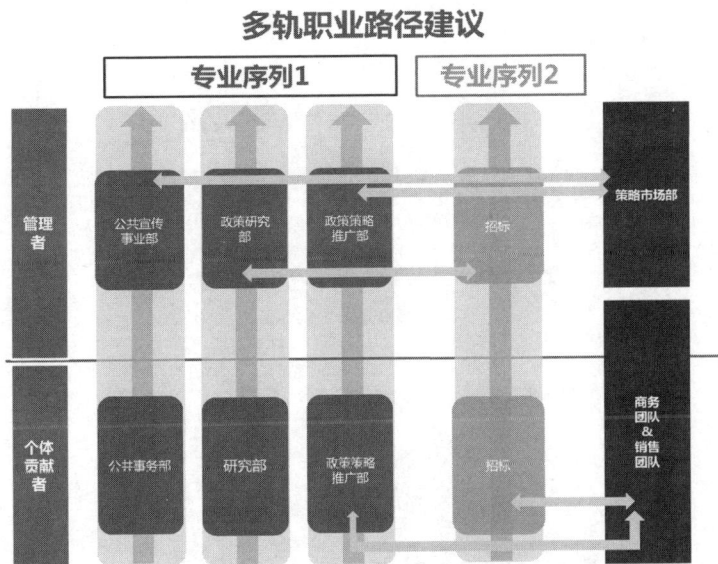

图 2-37　组织核心人才及梯队人才发展建议样本（续）

7. 关键人才任用及发展建议

围绕盘点中的数据洞察，结合实际业务现状，提供关键人才任用及发展建议，包含关键人才任用建议、关键人才风险管理建议、关键人才发展建议、关键人才职业规划建议。关键人才任用及发展建议样本如图 2-38 所示。

关键人才任用建议：针对组织中关键岗位的人员任用提供建议，确保岗位价值产出的关键能力。该建议不仅包含对于人选的建议，还包含与该人员适配的组织配置建议、组织支持及风险管控建议、针对性的激励机制设计，以及岗位权责设计等，确保该人员能够胜任。

关键人才风险管理建议：针对组织中关键人才可能面临的任用风险提供应对建议。该建议包含能力风险、个性风险及价值观底层风险的解决方案、管控措施及备选方案。

关键人才发展建议：针对组织中关键人才的发展从知识、能力、个性、动力等维度提供全方位的发展解决方案。

关键人才职业规划建议：针对组织中关键人才的职业发展，从个人优势驱动的角度及组织需求的角度给出更多有针对性的规划和专业建议。

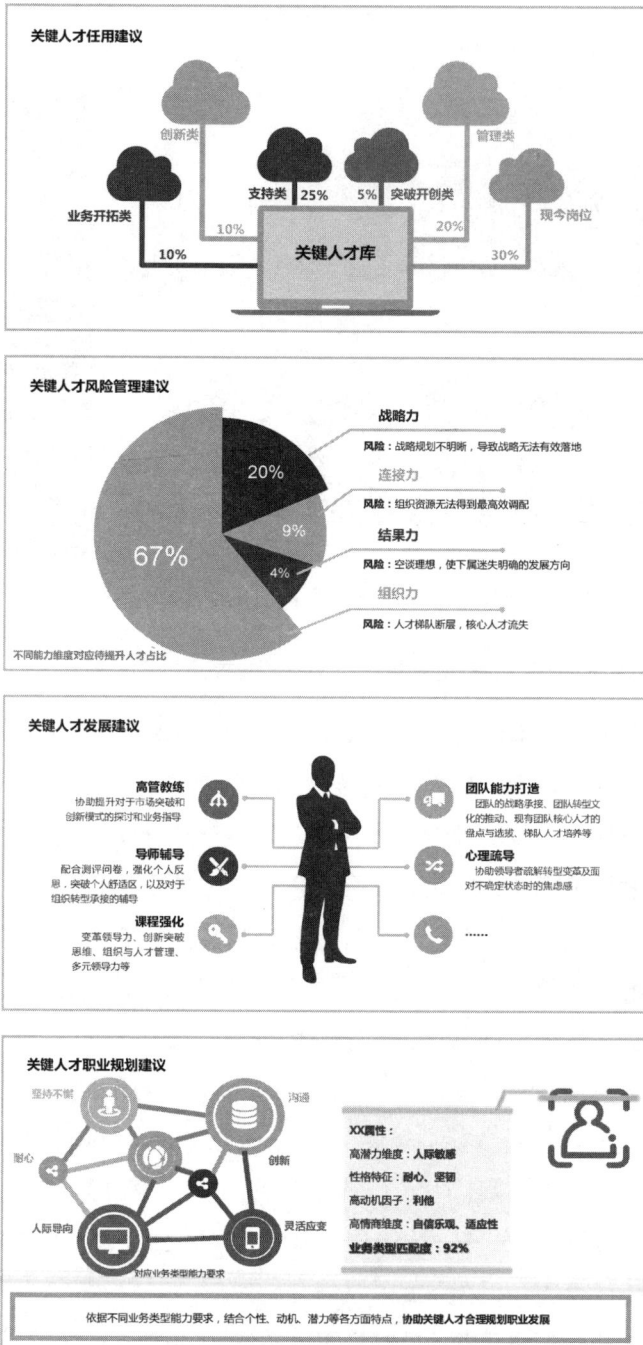

图 2-38 关键人才任用及发展建议样本

2.4.2.2 盘点应用二：个体数据分析

1. 个体能力得分及发现

数据分析定义： 个体整体描述、个体能力得分及差距分析。

数据发现

个体能力整体描述（见**图 2-39**）：个体能力整体描述包括能力优劣势、动力、个性、潜力等个体完整的数据分析，以全面了解和认知自我。

> **姓名：**×××   **职位：**×××
> **整体描述：**
> 具备一定的流程导向及计划思维，以及一定的组织敏感度和换位思考能力，也愿意为了团队的共同利益贡献力量，但缺乏在不确定状态下聚焦重点、快速决策的能力，以及在一定压力下找到突破点的能力和魄力。
> **结论：** 近期处在一定的压力状态下，个性比较容易纠结和自我质疑，不够自信，需多加关注。

图 2-39 个体能力整体描述

个体能力得分及差距分析（见**图 2-40**）：如果个体能力总分低于内部标杆和外部标杆，说明该员工对于胜任该岗位的能力较弱，且个体在企业的价值会逐步降低；如果个体能力得分接近内部标杆、高于外部标杆，说明该员工在业内属于能力较强的人群，企业需要重点关注，避免流失。此外，还会出现一种状况：个体能力在企业中较为优秀但对标业内仍然偏低，这说明企业员工的整体能力在业内偏弱，在市场上不具备竞争力，这对公司业务而言是一个风险。

2. 个体能力、潜力、动力、个性分析及发现

个体能力、潜力、动力及个性分析和对标差距分析样本如图 2-41 所示。

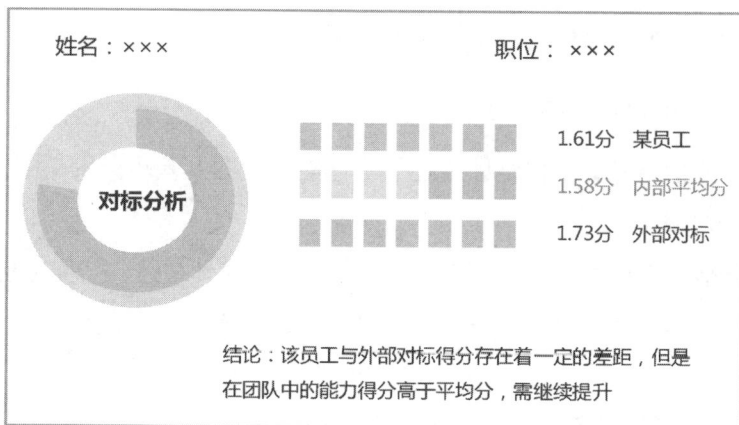

图 2-40　个体能力得分及差距分析

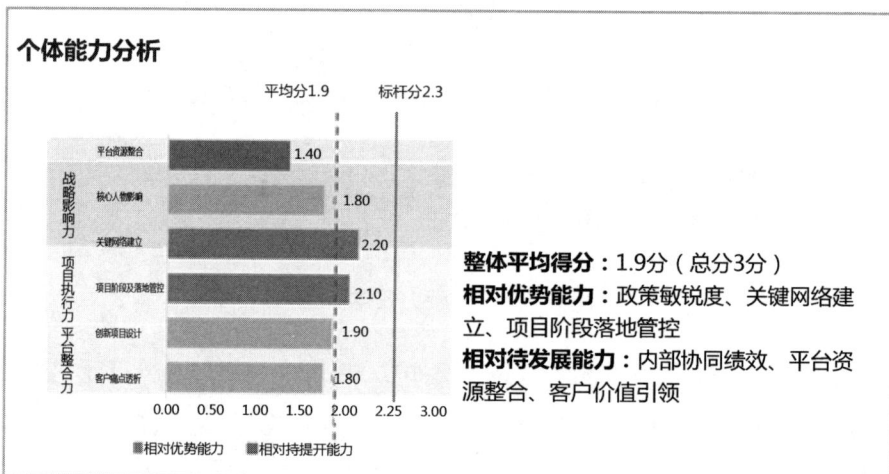

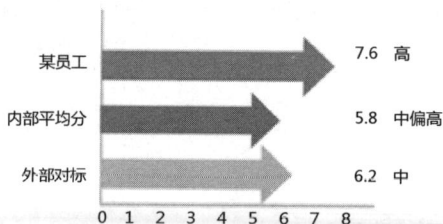

图 2-41　个体能力、潜力、动力及个性分析和对标差距分析样本

个体动力分析

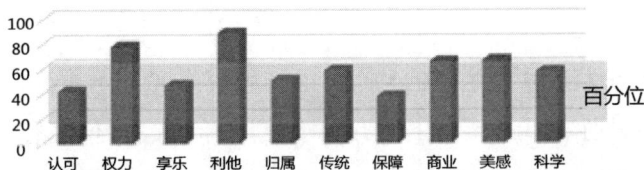

高意愿度因素：权力、利他商业、美感

中意愿度因素：认可、享乐、归属、传统、保障、科学

低意愿度因素：

个体个性分析

个性风格：
和平完美型

图 2-41　个体能力、潜力、动力及个性分析和对标差距分析样本（续）

数据发现

个体能力与标杆对比分析：差距大则说明该能力较弱，如果该能力与岗位的核心优势相关，需引起重视。

个体潜力分析：潜力指的是个体在未来可以成长的空间。潜力包含了很多维度，如自我反思、学习敏捷度、心智敏捷度、人际敏捷度、变革敏捷度及结果敏捷度等。个体潜力分析不仅包含具体分数，还有潜力的高分及低分行为表现在工作中可能的风格呈现，而且给出了有针对性的建议及提升方案等。

个体动力分析：这里描述的是个体的核心价值观，说明了"你是谁、你要做什么，以及你在什么环境下会有所作为"等问题。价值观有上百个不同的驱动因子，如成就、升职、金钱、节奏、权威、竞争、认可、自主、兴趣、氛围、舒适等，会强烈影响个体对工作、娱乐和人际关系等的抉择，具体体现在以下四个方面。

（1）驱动力：是在人生中可以激励个体的因素，决定了个体对工作和生活的追求，并象征着奋斗和希望达成的目标。

（2）契合度：决定了个体与组织文化的契合程度。组织文化通常反映了高级管理层的价值观。如果自身价值观与文化环境一致，人们会显得快乐且工作也富有成效；如果身处与自身价值观不一致的文化环境中，人们就会很烦恼和不快乐。

（3）领导风格和文化：价值观决定了个体喜欢和认为有意义的事物和行为，以及个体忽视或不喜欢的行为和事物。领导的价值观会影响到其为员工创建的文化环境。

（4）潜意识的偏向：价值观影响个体对人、项目、计划及策略所做出的决定。价值观能过滤对经验的感知，尤其是关于"某东西可取或不可取、好或坏"。价值观通常存在于意识之外，但会倾向于个体的思想和行动。

个体动力分析包含个体的主要驱动力、高低分的行为表现、偏好的文化、试图回避的文化、潜意识影响决定的因素、如何最大限度地减少个体偏向，以及让个体工作富有成效的应对方案。如果价值观与事业或组织并不十分契合，那么，不要尝试去改变价值观，而是要通过了解自己的价值观和潜意识偏向，调整自己的行为，让自己的行为可以为自己和团队创造出一个更富有成效的工作环境。

个体个性分析：个性没有对错，更好地认知个性有利于个体提升多样性。所谓多样性，是指一个人在多大程度上能改变自己的行为以适应别人的需要或期待。一个人具有多样性和灵活性，可使这个人更充分地发挥工作风格的优势，并最大限度地缩小弱点的影响。

在多样性方面差的人往往有如下表现。

- 很少对他人做出的反应加以修正。
- 只能在自己的舒适区工作。
- 对人与人之间的差别不敏感。
- 所做出的反应基本上可以预料。

在多样性方面强的人往往有如下表现。

- 经常会对别人的反应做出修正。
- 往往也能在自己的不舒适区工作。
- 对人与人之间的差异敏感，对别人的需求能给予考虑。
- 在表态和反应时比较机动灵活。

认知自我个性偏好，让个体更愿意调整自己的作风，以适应别人的需求和期待，从而协助个体更好地扬长避短。

3. 个体优化及发展建议

围绕盘点中的数据分析，结合公司业务及工作目标，提供个体优化及发展建议，包含个体发展方法建议、个体辅导重点建议、个体风险应对建议、个体职业发展建议等。个体优化及发展建议样本如图 2-42 所示。

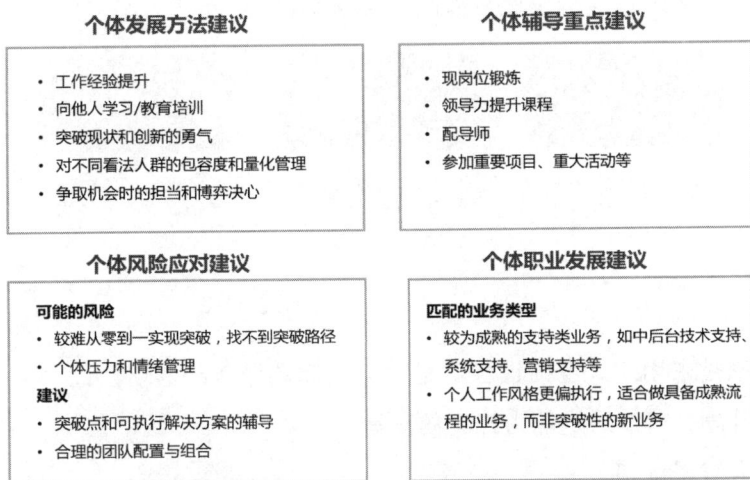

个体发展方法建议

- 工作经验提升
- 向他人学习/教育培训
- 突破现状和创新的勇气
- 对不同看法人群的包容度和量化管理
- 争取机会时的担当和博弈决心

个体辅导重点建议

- 现岗位锻炼
- 领导力提升课程
- 配导师
- 参加重要项目、重大活动等

个体风险应对建议

可能的风险
- 较难从零到一实现突破，找不到突破路径
- 个体压力和情绪管理

建议
- 突破点和可执行解决方案的辅导
- 合理的团队配置与组合

个体职业发展建议

匹配的业务类型
- 较为成熟的支持类业务，如中后台技术支持、系统支持、营销支持等
- 个人工作风格更偏执行，适合做具备成熟流程的业务，而非突破性的新业务

图 2-42 个体优化及发展建议样本

4. 个人报告反馈及辅导

盘点完成后会形成个人及团队报告。就个人发展效果而言，一定要进行个人报告的反馈及辅导，协助员工强化自我认知，明确能力提升方向，并基于彼此认可的发展目标，制订个人发展计划（Individual Development Plan，IDP）。个人报告反馈及辅导有两种形式：一对一反馈辅导和团队反馈辅导。

一对一反馈辅导

参与人员：反馈对象、直属主管、HR、专业顾问。

建议时长：60～90分钟/人。

根据测评结果，对核心人才进行一对一反馈，协助其认知自我，提升能力及职业规划，感受到企业对其发展的重视。

- 解读报告：对个人评估结果进行解读并提供能力反馈。
- 认知自我：协助被评价者强化反思，提升格局及自我认知。
- 传递价值：明确企业用人要求，体现对优秀人才的重视。
- 发展建议：协助被评价者完善个人发展建议并制订行动计划。

团队反馈辅导

参与人员：反馈对象（25人左右）、HR、专业顾问。

建议时长：2～2.5小时。

团队报告解读流程及重点如图2-43所示。

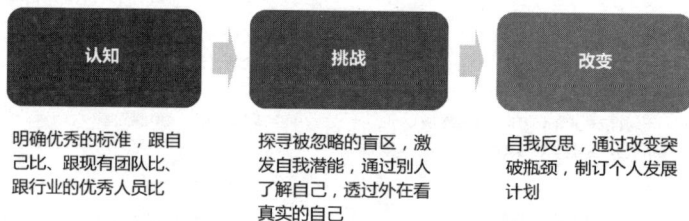

认知	挑战	改变
明确优秀的标准，跟自己比、跟现有团队比、跟行业的优秀人员比	探寻被忽略的盲区，激发自我潜能，通过别人了解自己，透过外在看真实的自己	自我反思，通过改变突破瓶颈，制订个人发展计划

图 2-43　团队报告解读流程及重点

无论是采用个人反馈辅导还是团队反馈辅导，都需要协助个人制订个人发展计划，持续跟进能力提升的落地。

个人发展计划

个人发展计划填写思路：优势2～3个点，改善点2～3个点，不宜太多。也许大家会问为什么要写优势呢？直接谈改善点不是更好吗？这是一个思维误区。人才发展首先应该让每个人知道自己的优势是什么，并善用优势；其次才是如何弥补弱势，这就是人们经常提到的"用人所长"的概念。

确定好优势和改善点后，需设定量化的目标。该目标要遵循 SMART 原则，即具体、可衡量、可实现、相关、有时间限制。这样可以让个人能力提升更为有效。发展的方法可以有三种：培训、向他人学习和项目实践。每个能力点可以采用三种混合发展方式进行提升，具体可以参照图 2-44 填写个人发展计划。

发展目标			10%			20%			70%	
			培训主题	何时完成	完成情况	他人学习	频率	完成情况	实际项目学习	完成时间
强化优势	现状	目标				上级辅导				
						他人分享				
						大咖学习				
	现状	目标				上级辅导				
						他人分享				
						大咖学习				
改善不足	现状	目标				上级辅导				
						他人分享				
						大咖学习				
	现状	目标				上级辅导				
						他人分享				
						大咖学习				

图 2-44　个人发展计划样本

2.4.2.3　盘点应用三：核心岗位常模数据提炼

在企业某岗位标杆样本的受测人数达到一定数量后，可以进行该核心岗位常模数据提炼。常模是什么？常模是指一定人群在所测特性上的普遍水平或水平分布状况，是一种供比较的标准量数，是人才测评用于比较和解释测评结果时的参照分数标准。测评分数必须与某种标准比较，才能显示出它所代表的意义。

例如，一个 30 岁的中国成年男性身高 1.75 米，这个身高是高还是矮呢？答案是都有可能，因为没有比对的标准。如果比对中国南方地区的常模数据，可以得出结论是高于南方地区同年龄的男性身高；如果比对中国北方地区常模数据，得出的结论是低于北方地区同年龄的男性身高。可见，个体和组织的盘点结果只有与常模数据进行比较才更具参考价值。

　　企业可以根据某核心岗位的优秀人群的能力、个性、动力、潜力等维度，分别提炼该企业的常模数据，用于企业的招聘、选拔、配置、晋升的对比参考，从而有效提高用人的决策质量，降低用人风险。某岗位的标杆画像及匹配图如图 2-45 所示。

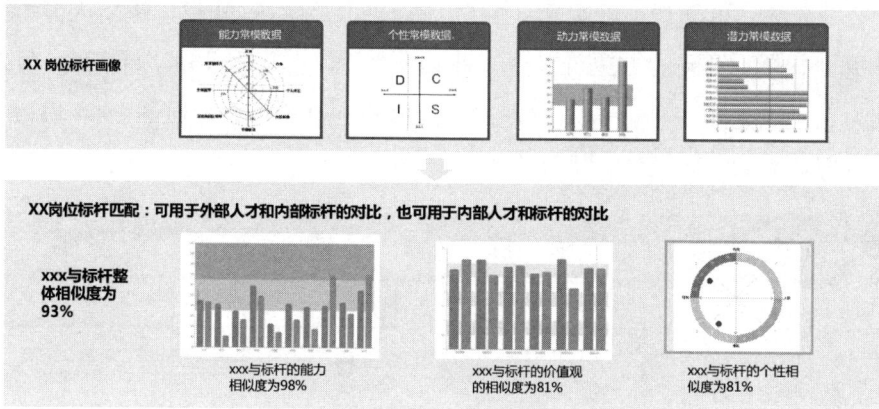

图 2-45　某岗位的标杆画像及匹配图

第3章　任职资格体系建立

在实际管理工作中，企业除希望能通过建模、盘点对员工能力进行评估及发展，进而提升组织及员工能力外，同时也希望能够有标准体系来规范员工的培养和选拔，以及建立员工职业发展通道，为晋升、薪酬等人力资源工作提供量化的依据。这就是人们常说的任职资格体系。许多人会问：任职资格体系和能力模型有什么区别？其实两者技术本身差别不大，只是任职资格体系会更多地和职级、薪酬福利挂钩，因而其技术产出会更关注当下业务价值的贡献，以及评判过程的严谨。

3.1　任职资格体系整体方案设计

任职资格体系建立的完整流程（见图3-1）分为四步：岗位等级梳理、任职资格标准开发、评审设计及实施、结果应用，涵盖了从建标准、施盘点到促业务的完整环节。

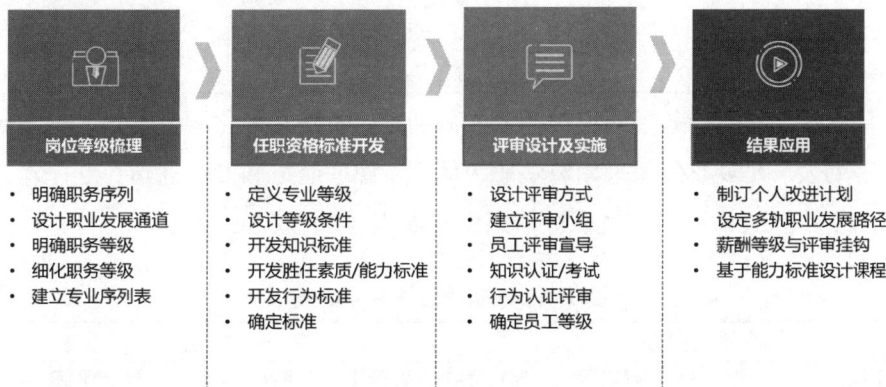

岗位等级梳理	任职资格标准开发	评审设计及实施	结果应用
· 明确职务序列 · 设计职业发展通道 · 明确职务等级 · 细化职务等级 · 建立专业序列表	· 定义专业等级 · 设计等级条件 · 开发知识标准 · 开发胜任素质/能力标准 · 开发行为标准 · 确定标准	· 设计评审方式 · 建立评审小组 · 员工评审宣导 · 知识认证/考试 · 行为认证评审 · 确定员工等级	· 制订个人改进计划 · 设定多轨职业发展路径 · 薪酬等级与评审挂钩 · 基于能力标准设计课程

图 3-1　任职资格体系建立的完整流程

● ●

3.2 第一步：岗位等级梳理的关键工作

关键工作如下。

- 明确职务序列。
- 设计职业发展通道。
- 明确职务等级。
- 细化职务等级。
- 建立专业序列表。

明确职务序列，即将公司的岗位归类到相对应的序列。岗位职务序列示例如表3-1所示。

表3-1　岗位职务序列示例

管 理 序 列	营 销 序 列	技 术 序 列	支 持 序 列	操 作 序 列
五级管理者 四级管理者 三级管理者	销售类 产品类 市场类 策划类 电商运营类 政府关系类	软件类 硬件类 测试类 技术类 研发类 质量类 制造类 项目类 IT 类	人力资源类 财务类 行政类 秘书类 法务类 采购类 流程管理类	装配类 调测类 物料类 检验类 设备类

之后，依据职务序列设计职业发展通道，明确并细化职务等级，建立专业序列表。大多数公司采用双轨职级体系：管理通道和专业通道，也有公司采用多轨职级体系。双轨职级体系样本如表3-2、表3-3所示。

表3-2　双轨职级体系样本一

管 理 通 道			专 业 通 道		
职级	职务	月薪区间	对应 T 职级	职衔	月薪区间
M6	CXO	—	—	—	—

管 理 通 道			专 业 通 道		
职级	职务	月薪区间	对应 T 职级	职衔	月薪区间
M5-2	SVP	7 万 ~ 8 万元	T7/T8	首席专家 2	7 万 ~ 8 万元
M5-1	VP	6 万 ~ 7 万元	T6	首席专家 1	6 万 ~ 7 万元
M4-3	高级总监	5 万 ~ 6 万元	T5 ~ 3	高级专家 3	5 万 ~ 6 万元
M4-2	总监	4 万 ~ 5 万元	T5 ~ 2	高级专家 2	4 万 ~ 5 万元
M4-1	副总监	3.5 万 ~ 4.5 万元	T5 ~ 1	高级专家 1	3.5 万 ~ 4.5 万元
M3	高级经理	3 万 ~ 4 万元	T4 ~ 2	资深专家 2	3 万 ~ 4 万元
M2-2	经理	2.5 万 ~ 3.5 万元	T4 ~ 1	资深专家 1	2.5 万 ~ 3.5 万元
M2-1	副经理	2 万 ~ 3 万元	T3 ~ 2	高级专员	2 万 ~ 3 万元
M1	主管	1.5 万 ~ 2.5 万元	T3 ~ 1	高级专员	1.5 万 ~ 2.5 万元
—	—	—	T2 ~ 2	中级专员	1 万 ~ 2 万元
—	—	—	T2 ~ 1	中级专员	0.5 万 ~ 1.5 万元
—	—	—	T1 ~ 2	初级专员	0.5 万 ~ 1 万元
—	—	—	T1 ~ 1	初级专员	0 ~ 0.8 万元

表 3-3　双轨职级体系样本二

专 业 通 道		管 理 通 道			
专业职级	专业	管理职级	管理职务	工作年限	薪酬包
P4	专员	—	—	应届本科	8 万 ~ 10 万元
P5	高级专业	—	—	应届研究生	10 万 ~ 15 万元
P6	资深专员	M1	主管	工作 1 ~ 3 年	15 万 ~ 20 万元
P7	专家	M2	经理	工作 3 ~ 6 年	20 万 ~ 30 万元 开始有股票
P8	高级专家	M3	资深经理	工作 6 ~ 10 年	30 万 ~ 50 万元
P9	资深专家	M4	总监	工作 10 ~ 15 年	40 万 ~ 60 万元
P10	研究员	M5	资深总监	综合因素	60 万 ~ 80 万元
P11	高级研究员	M6	副总裁 （VP）	—	150 万元左右
P12	资深研究员	M7	资深副总裁 （Sr.VP）	—	200 万元左右
P12	科学家	M8	执行副总裁 （EVP）	—	300 万元左右
P14	资深科学家	M9	副董事长	—	—
—	—	M10	董事长	—	—

3.3 第二步：任职资格标准开发的关键工作

关键工作如下。

- 定义专业等级。
- 设计等级条件。
- 开发知识标准。
- 开发胜任素质/能力标准。
- 开发行为标准。
- 确定标准。

首先，思考任职资格构成，包括资质条件维度（包含绩效、专业知识、工作/项目经验、技能等）、价值观维度、能力维度，如图 3-2 所示。

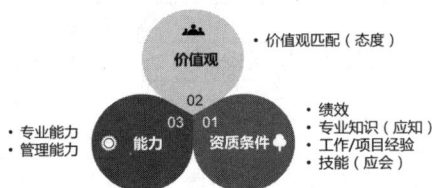

图 3-2 任职资格构成

然后，基于以上维度形成完整的认证体系（见图 3-3），可以把资质条件设为认证门槛，先剔除一批人选，再就价值观和能力进行认证；也可以把价值观设为底线条件，再进行资质条件、能力认证。

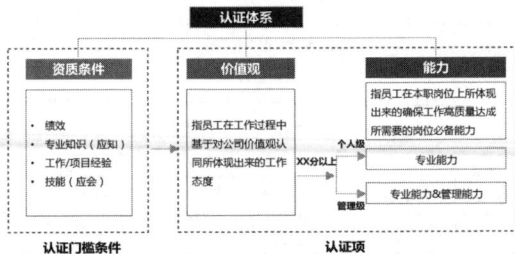

图 3-3 认证体系

此外，也有公司采用占比分配，如资质条件占比 20%、价值观占比 30%、能力占比 50%。不同层级的占比可以不一样，如高层的价值观占比 50%、能力占比 40%、资质条件占比 10%。没有绝对的标准，各公司可以根据实际情况做定义，千万不要简单地照搬。

在任职资格构成中，相对比较容易量化的标准（如专业知识、工作/项目经验）可以通过一定的数字来量化标准。相对而言，价值观和能力是比较不容易量化的，对此，通常采用行为量化技术。

例如，阿里巴巴价值观——新六脉神剑，针对每个价值观都有定义和行为描述。

价值观：唯一不变的是变化。

定义：

无论你变不变化，世界在变，客户在变，竞争环境在变。

我们要心怀敬畏和谦卑，避免"看不见、看不起、看不懂、追不上"。

改变自己，创造变化，都是最好的变化。

拥抱变化是我们最独特的 DNA。

行为描述：

面对变化不抱怨，充分沟通，全力配合。

对变化产生的困难和挫折，能自我调整，并正面影响和带动同事。

在工作中有前瞻意识，建立新方法、新思路。

创造变化，带来突破性的结果。

价值观有详细清晰的"行为描述"的好处是有利于行为评分，可以基于价值观的行为标准对员工的行为表现进行 1～5 分的自评和他评。

例如，符合给 1 分，不符合给 0 分，介于中间的给 0.5 分。这样就可以把主观感受的价值观通过行为打分量化了。同样，能力的评分也可以采用行为量化的方式进行打分。

在完成定义专业等级、设计等级条件、知识标准开发、胜任素质/能力标准开发、行为标准开发这五项工作后，就可以产出岗位的任职资格体系了。任职资格体系是怎样的呢？参看表 3-4、表 3-5 样本。

专业能力样本：IT 产品经理

说明：能力的行为分解成的不同等级分别对应不同的层级（见表 3-4）。

表3-4　专业能力样本：IT产品经理

能力	能力定义	层级1	层级2	层级3	层级4
技术敏锐	敏锐觉察国内外相关技术的变化和更新，准确把握新技术在产品中的应用，并致力于新技术在实现市场、产品及用户需求的动态应用结合	了解新技术：能够快速了解互联网内的新技术，并理解各种新技术的优劣势 该层级的典型特征：能够知道行业内的新技术，并有一定了解	应用新技术：了解相关行业前沿新互联网技术的开发和应用的知识；能够将新技术和知识有效融入技术的开发和维护中 该层级的典型特征：理解行业前沿新技术并有效应用于工作中	玩转新技术：了解和掌握国内外互联网、移动互联网知识及其发展趋势；能够有效地选择在工作中各种技术的引进推广运用和更新技术的引进推广 该层级的典型特征与案例：××经常说一些我们不知道的技术，做成PPT分享给我们，还写明支付宝的借鉴意义，大大拓宽了我们的视野，也为支付宝的技术改进起到了很大作用	预见新技术：能够预见未来互联网、移动互联网开发及应用的相关场景；能够应用相关的新技术来设计和开发相关的产品/系统 该层级的典型特征：预见相关新场景并创新的应用新技术
政策敏感	能够敏锐地发现与业务相关的政策线索，并对其进行分析，匹配应用于业务进程当中	关注政策：关注行业动态，能够根据经验/范式发现与业务有直接关系的政策，并做出相应调整 该层级的典型特征：关注行业内的政策新闻，并知道在工作中如何做出合适的变化	理解政策内涵：熟知各种行业政策，深刻理解政策与自身业务间的制约和发展关系，并能及时看到企业发展的契机 该层级的典型特征：熟知政策并找到发展契机	妥善利用政策：深刻理解政策对业务的影响，以便采取有效的应对措施，准确把握政策为己所用的方式，妥善地利用政策助力业务发展 该层级的典型特征：在迅速捕捉、深刻理解政策的基础上，积极采取措施应对政策或利用政策推动业务	有力影响政策：以行业领先性为基础，通过业务发展影响业自身的业务发展或行业政策的走向或制定 该层级的典型特征：以不可撼动的行业领先性和专业性影响行业政策的走向或推动新政策的制定

续表

能力	能力定义	层级 1	层级 2	层级 3	层级 4
数据建模	理解业务与数据的逻辑关系，利用数据手段建模工具和手段构建数据业务模型，满足当前业务和预见未来业务的需求	了解工具：了解部分建模工具和常用方法，熟悉使用建模常用的算法和命令；能够根据清晰的业务需求，建立描述各元素关系的数据模型 该层级的典型特征：了解建模工具	运用工具：清晰理解当前的模型与业务间的逻辑和依存关系，熟练掌握多种建模工具和方法，构建并优化数据业务模型 该层级的典型特征：理解业务与模型的逻辑和依存关系，熟练运用工具	常规建模：在业务理解的基础上，清晰定义业务过程及的数据及相关过程以计算机或数学的方式与方法有效地数据描述并建立事务之间的关系 该层级的典型特征：理解业务，根据业务需求构建建模型	复杂建模：深刻理解公司的业务，对系统复杂的问题能够有效地依托数据来进行验证对系统的看法，并有效预测和指导未来系统的走势 该层级的典型特征：深刻理解业务、系统构建模型，预测走势

专业能力样本：IT 设计类

说明：以知识技能为例，知识技能能分解成的不同等级分别对应不同的层级（见表 3-5）。

表3-5 专业能力样本：IT设计类

关键维度		P4/执行者	P5/执行者	P6/专业人士	价值定位 P7/资深专业人士	P8/公司级专家	P9/行业专家
知识技能	交互设计知识	至少对交互设计的上下游（产品/用研/视觉）中的某一项领域的知识有基本了解	（1）对交互设计的上下游（产品/用研/视觉）职能领域的知识和能力有较深入了解 （2）具备了解设计领域行业趋势和行业状态的意识，对其他设计领域有较深入的了解	（1）了解所负责的项目/产品相关的产业环境信息和商业知识 （2）更深入地积累了设计实现技术，甚至有一定的实现demo能力 （3）了解其他专业领域的知识和信息	（1）熟练掌握交互设计专业知识，并对产品及视觉层面的知识有所了解 （2）对产品数据敏感，并能通过数据分析来挖掘体验中的问题 （3）主动获取或在项目中了解商业知识和前端设计实现技术 （4）熟悉自身专业和行业的整体情况，以及相关领域的工作原理，了解设计方案的开发和运维成本 （5）对产品、设计、运营、数据和品牌市场等相关部门的工作有自己的见解和想法	（1）具备公司级影响力的设计能力，能对自身设计经验进行总结沉淀，形成独有的方法论 （2）熟悉部门内各流程环节，如产品、运营、数据、前端实现等环节的工作方式，并能从全局角度提出创造性的见解和想法	（1）具备行业级影响力的设计能力，能对自身设计经验进行总结沉淀，形成独有的方法论 （2）熟悉部门内各流程环节，如产品、运营、数据、前端实现等环节的工作方式，并能从全局角度提出创造性的见解和想法

续表

关键维度		价值定位					
		P4执行者	P5执行者	P6专业人士	P7资深专业人士	P8公司级专家	P9行业专家
知识技能	视觉设计知识	至少对视觉设计的上下游（用研/交互前端）的某一项领域的知识有基本了解	(1)对视觉设计的上下游、用研等职能领域的知识和工作能有基本了解 (2)具备了解设计领域流行趋势和行业状态的意识,对其他艺术形式有较深入的了解	(1)熟悉产品策划、市场等相关基础知识,并熟知视觉设计岗位所扮演的角色 (2)熟悉产品、运营和开发的工作内容,并能使用对方的专业语言进行良好沟通 (3)对多种设计专业有一定的认识,并对其中几项有比较深入的关注	(1)熟练掌握平面设计知识,并能掌握品牌、产品、营销运营等1~2项设计分支 (2)对产品数据敏感,并能通过数据分析来挖掘体验中的问题 (3)熟悉自身专业和行业的整体情况,以及相关领域的工作原理,了解设计方案的开发和运维成本 (4)对产品、设计、运营、数据和品牌市场等相关部门的工作有自己的见解和想法	(1)具备公司级影响力的设计能力,能对自身设计经验进行总结沉淀,形成独有的方法论 (2)熟悉部门内各流程环节,如产品、运营、数据、前端实现等环节的工作方式,并能从全局角度提出创造性的见解和想法	(1)具备行业级影响力的设计能力,能对自身设计经验进行行总结沉淀,形成独有的方法论 (2)熟悉部门内各流程环节,如产品、运营、数据、前端实现等环节的工作方式,并能从全局角度提出创造性的见解和想法

续表

关键维度	价值定位					
	P4/执行者	P5/执行者	P6/专业人士	P7/资深专业人士	P8/公司级专家	P9/行业专家
知识技能（视频知识技能）	掌握视频策划（故事梗概、分镜头脚本、拍摄计划等）、视频拍摄（了解各类拍摄设备、运镜方式等）、视频软件（PR、AE、FCP、C4D等）中的某一项技能，对其他两项技能有所了解	了解并掌握视频策划（故事梗概、分镜头脚本、拍摄计划等）、视频拍摄（了解各类拍摄设备、运镜方式等）、视频软件（PR、AE、FCP、C4D等）三个模块的知识及技能	熟练掌握视频策划（故事梗概、分镜头脚本、拍摄计划等）、视频拍摄（了解各类拍摄设备、运镜方式等）、视频软件（PR、AE、FCP、C4D等）的知识及技能，并精通其中一项	（1）熟练掌握视频策划（故事梗概、分镜头脚本、拍摄计划等）、视频拍摄（了解各类拍摄设备、运镜方式等）、视频软件（PR、AE、FCP、C4D等）的知识及技能，并精通其中一项（2）熟悉视频技术发展趋势，了解视频行业，并对所服务的业务有所了解，掌握业务基本信息	（1）熟练掌握视频策划（故事梗概、拍摄计划等）、视频拍摄（了解各类拍摄设备、运镜方式等）、视频软件（PR、AE、FCP、C4D等）的知识及技能，并精通其中一项（2）拍摄的作品或指导项目具有公司级影响力，熟悉视频行业，掌握视频技术发展趋势，并能对新技术及行业趋势有自己的见解，结合公司内部情况转化沉淀经验并传播（3）对所服务的业务及所在行业有深入了解	（1）熟练掌握视频策划（故事梗概、分镜头脚本、拍摄计划等）、视频拍摄（了解各类拍摄设备、运镜方式等）、视频软件（PR、AE、FCP、C4D等）的知识及技能，并精通其中一项（2）拍摄的作品或指导项目具有行业级影响力，掌握视频技术发展趋势，并能对新技术及行业趋势有自己的见解，结合公司内部情况转化沉淀经验并传播（3）对所服务的业务及所在行业有深入了解

续表

关键维度		P4/执行者	P5/执行者	P6/专业人士	P7/资深专业人士	P8/公司级专家	P9/行业专家
从业背景	工作经验	1 年以内相关工作经验	至少 1 年相关工作经验	至少 2 年相关工作经验	至少 5 年相关工作经验	至少 8 年相关工作经验	至少 10 年以上相关工作经验
	学历专业	大专及以上					
业务能力	设计能力	按照要求交付设计		系统性完整的设计方案		引领市场设计趋势	
	设计技术产品衔接	熟练应用设计技术		业务导向，精准匹配		引领商业价值	
	沟通与资源协调	团队角度，高效执行		公司角度，提升资源效能		行业角度，促企业发展	

● ●

3.4 第三步：评审设计及实施的关键工作

关键工作如下。

- 设计评审方式。

- 建立评审小组。

- 员工评审宣导。

- 知识认证/考试。

- 行为认证评审。

- 确定员工等级。

评审小组建议由以下人员组成。

- 人力资源负责人。

- 业务条线负责人。

- 公司高管。

- 外部顾问（如预算许可）。

认证周期建议：通常依据不同认证岗位及公司的实际情况设定，并没有统一的标准；一般而言，岗位越资深、越高阶认证周期越长。认证周期举例如表 3-6 所示。

表 3-6　认证周期举例

	初级者/有经验者 资格认证	骨干 资格认证	专家 资格认证	资深专家 资格认证
评审周期 建议	0.5～1 年/次	0.5～1 年/次	1 年/次	1～2 年/次
评审级别 建议	人力资源 + 业务条线负责人	人力资源 + 业务条线负责人	认证委员会	认证委员会

认证流程设计

认证流程首先由个人自荐或主管推荐进入资质审核，有些公司也鼓励他人（非主管）推荐，在资质审核通过后，进入评估体系（如价值观评估、能力评估），最后由委员会审核并颁发证书。认证流程设计样本如图 3-4 所示。

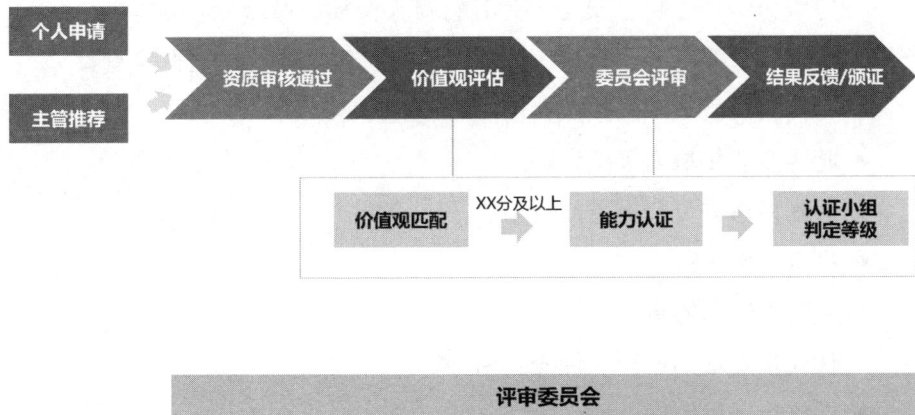

图 3-4　认证流程设计样本

3.5　第四步：结果应用的关键工作

关键工作如下。

- 制订个人改进计划。
- 设定多轨职业发展路径。
- 薪酬等级与评审挂钩。
- 基于能力标准设计课程。

在评审完成后，需要给予个人一定的激励和肯定。设定激励制度时一定要注意精神及物质激励并重（物质激励有工资、奖金、分红及股权等，精神激励包含职业发展、培训发展、个人荣誉、成就认可等），不能仅有物质激励，必须引导员工有正向的价值观导向，避免使用单纯的金钱奖励起到反作用。

有关精神激励的建议

- 公司大屏滚动播放认证人员名单。

- 在每年人才发展大会上，为高级别员工颁发专业能力认证证书，并进行表彰。
- 等级为××级及以上员工，为其钉钉头像加设等级专家标签。
- 专属食堂配合专属特权（如饭卡显示、就餐通道、优惠等）。
- 为高级别员工专门拍摄宣传片、设置专家墙。
- 聘为专业领域高级培训顾问。
- 有任评审委员会委员的资格。
- 拥有专属车位。

有关物质激励的建议

- 优先享受培训资源、优先竞聘。
- 差旅费用报销标准提高一层。
- 公司提供单身公寓/套间。
- 优先落户。
- 提供出国交流机会。
- 补充保险、家属子女优待。

第4章 敏捷人才发展创新技术："一鱼多吃"发展中心

在企业推动人才发展的实践过程中，大家会发现这样一个问题，当人才战略制定后，由于外界的变化太快，组织和人才的成长总跟不上战略的迭代。"十年树木，百年树人"，小树成为参天大树都需要一定的时间，更别说培养一个人才了。如何加速人才成长呢？以往，在定义人才战略后，建标准、施盘点、促业务是一步一步进行的，如果要加速，可不可以三步同时并行呢？

这就是"一鱼多吃"发展中心诞生的背景。

4.1 "一鱼多吃"定义、价值及产出

"一鱼多吃"让建标准、施盘点、促业务一步到位，在培训中同步实施盘点和人才辅导，加速人才成长，如图4-1所示。

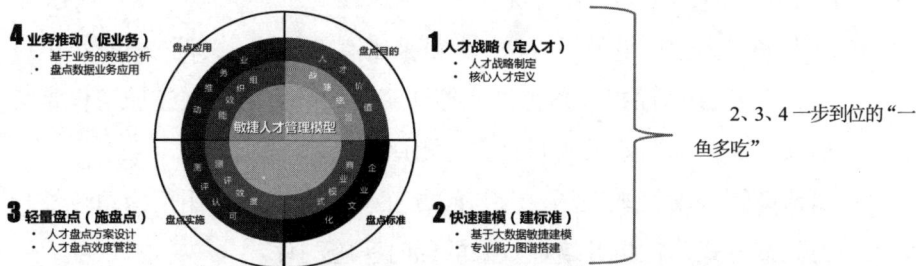

图4-1 "一鱼多吃"模型

4.2 "一鱼多吃"的设计方法及整体解决方案

"一鱼多吃"整体设计框架如图 4-2 所示：首先快速建立能力标准，并依据能力标准设计评估的工具及方法；然后在课程内容中巧妙地将评估渗透进去，即上课的同时进行评估，交付课程的同时一并交付团队和个人的评估报告及建议，还能将能力辅导及报告反馈融入课程，让学员在参加培训的同时得到来自老师、同事、高阶主管的点评及辅导、培训、评估及反馈。

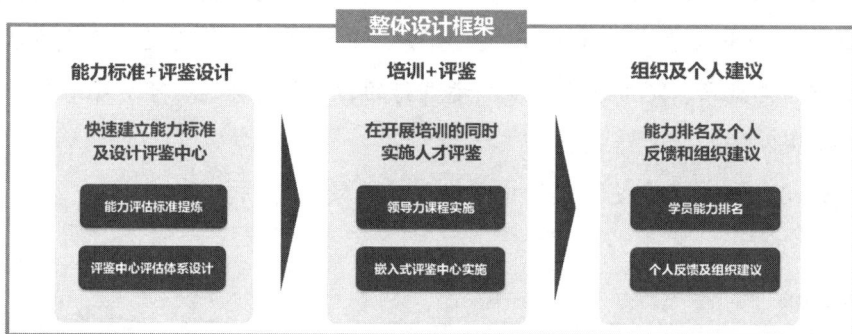

图 4-2 "一鱼多吃"整体设计框架

在"一鱼多吃"的设计方法中，综合运用了大量的人才发展技术方法，如案例情境教学、工作坊引导技巧、群体教练、高管教练、个人报告反馈，评鉴中心方法等。具体如何设计呢？

- 培训采用案例情境教学方法，大量采用案例作业、案例分析、小组讨论、个人/团队简报、角色扮演等评鉴中心的方法，在还原工作真实场景、提升培训效果的同时实施测评。
- 邀请高管列席培训现场，参与问题互动及反馈，采用模拟角色及行为面试方式，在提升培训效果的同时实施测评。
- 在工作坊中设计大量群体互动和挑战，运用群体教练的方法，在促发反思的同时实施测评。

"一鱼多吃"项目产出的价值是多维的，覆盖个人、团队、组织和内部专家四个方面。

个人：促发个人反思及成长。

- 通过反馈及分享，改善个人行为，提升能力。
- 通过个人的深度思考和总结，提炼实务经验。
- 专业报告解读，加强学员自我认知。
- 高管反馈、辅导及最佳实践分享，拓展学员思维。

团队：团队能力培养及提升。

- 定制培训内容及实战案例，协助快速成长。
- 通过案例及情境教学改变行为、提升能力。
- 通过标杆案例及经验分享提升格局、传递文化。

组织：组织盘点及发展建议。

- 了解团队优劣势及与标杆的差距。
- 提供不同人员的任用建议。
- 识别组织差距/风险，保障组织整体效能。

内部专家：内部专家培养。

- 设计、实施、反馈，全流程技术培训及辅导。
- 技术移转，并认证内部业务及专业人士。

4.3　标杆公司样本

项目主题：某知名上市企业高阶后备发展项目。

项目背景：企业正处在传统业务转型升级、创新业务突破探索的变革期。转型方向有三个：传统产品销售转型产品解决方案销售；国内国际业务并重，加快海外化步伐；鼓励业务及技术创新，确保 30%的业务增长。因而，急需快速且精准的评估高阶后备的转型突破能力，优化组织配置，但又不希望采用传统评鉴中心的方式，而是倾向于在培养中评估。基于以上需求，该企业决定采用"一鱼多吃"的发展中心设计，实现人才培养、评估及辅导一步到位。

首先，快速建立符合企业战略的高阶能力模型，即此次人才评估及发展的标准（见图 4-3），分为五个维度评估：领导力、潜力、个性、价值观及专业知识。

价值观及专业知识为人才推荐的入门要求，即专业知识要强、价值观要正。培训中，要重点观察三个维度：领导力（包含战略承接、洞察力、应变力创新推动及管理、高效团队管理、梯队建立、资源协同），潜力（学习应用），个性（如开放包容、坚韧执着）。整体能力的建立要符合转型突破领导者画像。

领导力		潜力 （M2及 M3共有）	个性 （M2及 M3共有）	价值观	专业知识
维度	内容				
战略思维	战略承接	学习应用	开放包容 坚韧执着	（默认价值观符合要求）	（默认专业知识符合要求）
	洞察力				
创新求变	应变力				
	创新推动及管理				
激发赋能	高效团队管理				
	梯队建立				
开放协作	资源协同				

图 4-3　高阶领导力能力模型样本

接下来，基于以上能力标准设计培训，以及与培训内容相结合的测评。在培训中实施测评的最大难点就是确保测评效度。培训是多人处在动态中，如何让每个人都能充分展现基于考核能力的行为呢？这需要在培训内容设计上确保每个人都能有一定频率的情境展现。培训设计样本如表 4-1 所示。

为确保课程中测评效度（按 20 人/期计算），每个学员都应做到如下内容。

- 每个学员都确保 12 次能力观察点的覆盖。
- 每个学员都确保有至少 1~3 次的代表小组汇报和回答异议的机会。
- 每个学员都确保有 3~5 次书面回答记录的保留。

表 4-1　培训设计样本

能　力　项		体验式教学（2个观察点）	战略承接及战术定制课程（4个观察点）	战略承接案例讨论（4个观察点）	团队领导力课程（3个观察点）	团队管理案例讨论（4个观察点）	问卷测评
领导力	战略承接		√	√			
	洞察力		√	√			
	应变力		√	√			
	创新推动及管理	√	√				
	高效团队管理				√	√	
	梯队建立				√	√	
	资源协同	√			√	√	
潜力	学习应用	全程观察	全程观察	全程观察	全程观察	全程观察	
个性	开放包容						√
	坚韧执着						√

　　培训和评估是紧密相关的，因而课程的设计尤为关键，上接能力模型，下承评估场景。举例说明，第一、二天，战略承接及战术定制的课程及案例讨论，重点观察四个能力：战略承接、洞察力、应变力、创新推动及管理；第三、四天，重点观察三个能力：高效团队管理、梯队建立、资源协同。整个过程都可以观察到的是学习应用及开放包容、坚韧执着，同时辅以线上的个性特质类的心理问卷交叉验证。嵌入测评的培训内容设计样本如图 4-4 所示。

　　"一鱼多吃"发展中心，不仅能做培训，还能产出个人报告和团队报告。

　　个人报告，包含学员能力整体描述（能力优劣势、潜力个性及动力，以及个人辅导及发展规划），协助个人更好地自我反思、格局提升、经验总结及能力发展。

　　团队报告，包含以下内容。

- 人才九宫图及各区域人群发展建议。
- 组织总体及维度分析（能力、潜力、价值观等）及建议。

- 组织各维度交叉分析及建议。
- 受测人群总体排名，以及梯队汇总和建议。
- 组织设计建议及整体发展建议。
- 组织人员任用、配置发展建议。
- 组织风险预判及解决方案。

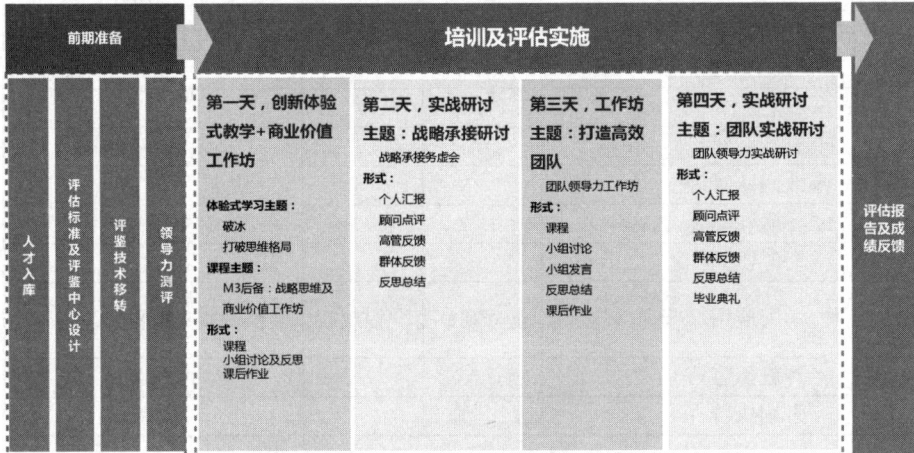

图 4-4　嵌入测评的培训内容设计样本

　　个人报告及团队报告能协助组织快速、精准地识别组织差距及风险，优化人员配置，提供最适配的人员任用建议。

　　同时，"一鱼多吃"还提供评估技术移转，通过工作坊引导的方式，协助企业培养自己的专业顾问。技术移转对象可以是 HR 及人才发展专业人士，还可以是业务高管、业务专家。技术移转样本如表 4-2 所示。

表 4-2　技术移转样本

测评技术移转	评鉴中心概述 • 评鉴中心定义 • 评鉴中心的应用领域
	评鉴流程说明
	测评师构成及角色定位
	工作坊打分技术讲解
	工作坊打分实战模拟

续表

	实战研讨会：追问技术讲解
	实战研讨会：打分技术讲解
评鉴中心实战模拟	实战研讨会：打分实战模拟
	报告解读技术讲解
	总结及回顾

第5章 敏捷人才管理的企业落地应用

企业对人才发展有什么期待？从业务的角度而言，有三个关键词：快速、轻量、转化。怎么理解呢？快速就是马上有人能用；轻量就是资源占用少（资源包含人、财、物及时间的占用）；转化就是能对业务产生直接的影响，即人才发展最好能直接带来经济收益。可见，人才发展产生价值是非常重要的。

5.1 人才发展如何承接企业战略

企业战略和愿景如图 5-1 所示。

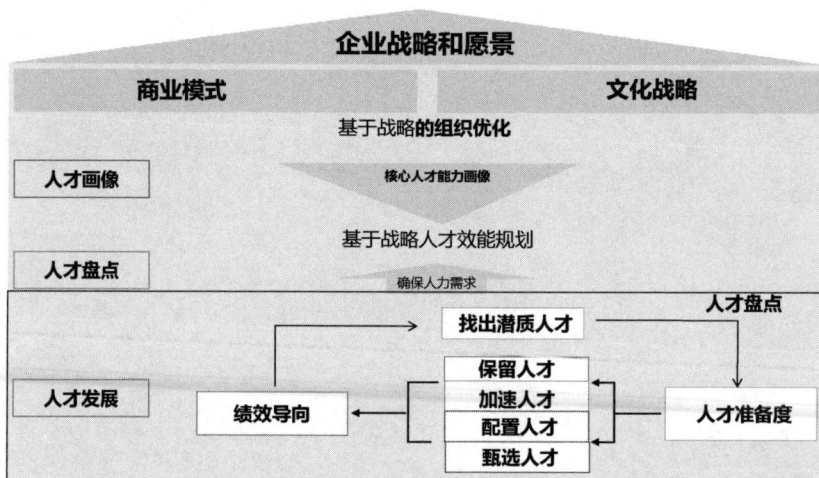

图 5-1 企业战略和愿景

　　企业必须"以终为始"聚焦企业战略和愿景，因为那是企业的企图心和方向，可由此带来商业模式与文化的改变，以及为适应变化而对组织进行不断重组和优化。

　　基于新战略、新商业模式、新文化，企业需要的人才一定和以前不完全一样。例如，商业模式从线下走到线上，就提出了流量运营的能力要求；再如，商业模式从国内走向国际，多元文化的包容和理解就是以往没有的。因而，过去做得好的人在新商业模式下不一定能成功，以往积累的经验可能也无法助力未来的业务。

　　由此带来的问题是外界和企业都在变，如何判断组织对新业务、新战略的支撑及随之而来的风险呢？可以通过盘点技术将组织和人的价值，如同资产盘点一样做一个量化的分析，了解一下人力资产是"增值"还是"贬值"了。

　　分析后，可以将人才比拟为 A、B、C、D 四类资产。有些人是 A 类资产——现在产出价值高，未来更有价值；有些人是 B 类资产——现在产出价值不是特别高，可能受限于经验、资历不够，但未来会越来越有价值；有些人是 C 类资产——现在产出价值比较高，可能是因为他们现有的资源、丰富的行业经验，但未来产出价值呈下滑或逐渐贬值的趋势；有些人是 D 类资产——现在没有产出价值，未来也不会有产出价值，甚至就现在而言还是负资产，不断消耗和占用企业的资源。

　　在找到组织人力资产的量化差距后，如何善用资源最大化产出价值呢？人才发展开始发挥其重要性。现在，许多企业在人才发展上采用的方式是"头痛医头，脚痛医脚"的单点解决方案，缺人马上招人、能力不够立刻培训、动力不够升职加薪……在到处"救火"后开始抱怨没有好的人才是因为薪酬太低。

　　如果企业希望要人有人、每个人都好用，那么单点解决方案无法产生太大的作用。这就需要系统思考，即基于盘点结果的人才发展系统思考。针对 A 类人群的策略是保留，提供针对性的发展方案，如升职加薪、职业规划等发展方案。针对 B 类人群的策略是加速发展。B 类人群的特点是潜力高，而只有潜力高才能被加速。A 类的人才保留下来了，B 类的人才能力提升了，企业可用的人才就多了。接着，将 C 类人群的当下价值最大化，让人才内部流动起来（也许这个岗位不合适，到另一个岗位就特别合适），这样就会有更多的人才可以用。对于 D 类人群，建议尽快止损，把用人的成本转移到别的更有价值的人身上，或者外招更为优秀的人才。

因而，在思考人才发展的时候，第一时间不是招聘人、培训人，而是保留、发展、配置和招聘的整体系统思考，这样才能真正做到将每个人的价值激发到最大。

人才发展的几个重要观点

观点一：人才发展必须与业务紧密结合。

观点二：人才发展必须知道企业要什么样的人——建立人才能力标准。

观点三：选对人比发展人更重要。

观点四：绩效、能力和潜力是不同的。

以上几个观点很重要，人才发展不是仅仅以个人成长为目的，而是必须与业务的产出相结合，达到个人与组织的双赢。此外，人才发展不是人云亦云、照搬照抄。每家企业要培养的人是不一样的。企业需要培养适合自己企业的人才，而不是所谓最优秀的人才。

在人才发展中需要重点关注两个环节：招聘和晋升。选对合适的人发展才会事半功倍，才会降低发展人的成本，尤其要清楚：发展一个不合适的人就是浪费企业资源。

5.2 解决方案如何对接业务挑战

企业中不同层级管理者关注的重点是不一样的：高层管理者关注的是企业营收、战略方向、商业模式、业务创新、企业文化等；中层管理者关注的是部门绩效指标、部门挑战、团队动力、企业资源争取等；基层管理者关注的是个人指标、工作问题解决、团队协作等。这些关注重点就决定了不同层级管理者对于人才能力关注的重点不同，如表 5-1 所示。

表 5-1　不同层级管理者对于人才能力关注的重点

不同层级管理者	对于人才能力关注的重点
高层管理者	• 行业趋势 • 公司战略（3 ~ 5 年） • 商业模式 • 文化转型 • 人才挑战 • 资源支持
中层管理者	• 团队目标（6 ~ 12 个月内最迫切的） • 核心岗位/核心人才 • 面临挑战 • 能力差距与期望 • 所需资源
基层管理者	• 当下最大挑战 • 个人 KPI 的达成 • 自我成长与发展

基于不同层级管理者的关注重点，企业可以通过五步的探讨来达成解决方案：探讨业务挑战/机会；挖掘本质原因；解决本质问题的成功关键因素；达成成功的核心能力；能力培养的最佳方式、方法和技术。

人力资源部门与业务部门之间的深度对话，其实也是彼此共识达成的过程。将业务挑战转化为人才发展解决方案，对于人力资源专业人士而言是一个比较大的挑战，因为人才发展是一个行为转化的过程，需要一定时间及人为判断。业内有两种专业的量化方式——ROE 法和 ROI 法。

ROE 即 Return on Expectation（期望达成）。

ROI 即 Return on Investment（投资回报率）。

前者相对后者容易些，前者可以是行为及过程产出，后者要有更为量化的投资回报。企业也许做到 ROI 比较难，但至少要做到 ROE。

如何实现 ROE 呢？企业需要定义关键利益相关人是谁（如项目发起者、目标学员、目标学员主管、外部客户、HR 相关同事等），他们的期望分别是什么，本项目解决什么业务痛点，项目成功的样子是什么样的，发展周期多久，需要哪些资源支持，可能的风险是什么。基于以上问题，业务部门和人力资源部门可以达成一个彼此都认可的产出。

ROI 的计算其实是有很多种方法的。

- 人才敬业度提高带来的业务收益、产品收益、效率收益，以及人力成本的降低。

- 外部招聘与内部招聘的比率降低，节省了招聘成本、人员试用期成本，增加了成熟人才价值产出。

- 人才流动率降低带来的招聘成本/试用期成本降低，以及核心人才保留带来的业绩增长。

- 填补重要职位所需的时间减短带来的损失减少、人才贡献加速。

- 高潜力人才和普通员工达成的结果产出，即带来的增量价值。

- 高潜力人才的留任比例高带来的整体价值增量。

- 行动学习计划的投资回报。

- ……

5.3 人才发展方法

人才发展有多种方法，不同方法解决的问题和达成的效果是各不相同的，以下列举了几种人才发展方法。

以能力为基础的培训体系：基于企业不同岗位的能力要求，设计对应的必修课程和选修课程，确保对本岗位基本知识和技能的掌握。

内部讲师培训（TTT）：将课程技术移转给内部的人力资源专业人士、专家或业务管理者，让他们迅速将知识和技术普及到企业内部的一种人才发展方法。

项目学习/行动学习：通过一个实际的应用或企业的一个真实项目在实践中学习、沉淀、总结、反思，进而提升相关能力，往往以 5~6 人的小组形式，群策群力，互相支持。此方法通常是针对绩效较好、潜力较高的员工的一种人才发展方法。

工作任务：通过给员工实际工作任务的方式来协助员工学习知识、总结规律、积累经验，进而提升工作实务能力的一种人才发展方法。

教练技术：指派对某工作或某项目具备丰富实务经验的老师，给予指导和反馈，激发被辅导者寻求解决问题的能力，协助其提升工作实操能力的人才发展方法。通常，教练由直属主管或资深的同事担任。根据教练的角色，教练可分为内部教练及外部教练、群体教练及个体教练。

导师计划：指派企业中资深且受人尊重的高阶或专业人士（业务专家、技术专家、人力资源专业人士等）担任员工的导师，协助员工提升认知、改变观念，建立更符合企业文化要求的思维方式及工作习惯，提升文化适配性，帮助其在企业的职业道路上取得进步，也称为政委制。导师一般由跨部门、跨层级高管或人力资源专业人士担任。

在线辅导及自学系统：指员工通过企业的在线系统，或者市场上的各种线上学习平台自我学习和反思的一种人才发展方法。

绩效辅导：指通过与员工针对绩效有待改善的部分，协助其分析原因、发现问题、制订绩效改善方案的一种人才发展方法。此方法一般针对未达到绩效目标的员工。

个人发展计划：通过与员工针对个人近期和中期的目标，分析现状，找到差距，并协助其制订能力提升计划的一种人才发展方法。此方法通常针对绩效较好，且对自己未来有更高期待的员工。

职业规划：通过与员工就其对未来职业的期待，结合其自身的优劣势一起探讨个人职业发展方向，并给予专业的建议和指导，协助其制定可行的职业发展路径的一种人才发展方法。

轮岗计划：基于最终的发展目标，有目的、有计划地安排员工到不同的岗位去历练和成长，拓宽思维、认知和专业，培养复合型的"一专多能"的高潜人才的一种人才发展方法。此方法通常针对公司重点要培养的关键人才。

以下就几组与人才发展方法相关的易混淆问题进行对比与分析。

课程培训 vs 工作坊

课程培训，以讲师授课为主要形式。

- 形式：线上学习或线下面授。
- 优势：提供知识、工具、方法论。
- 劣势：学员收获与讲师的授课水平相关，学习形式较为单一。

工作坊，以引导学员就某一主题参与讨论互动的学习形式。

- 形式：通常采用线下形式，场地灵活。
- 优势：讨论中思路清晰，易形成共识
- 劣势：对内容的定制化要求较高，对导师要求较高。

导师 vs 教练

导师（政委）。

- 导师在思维、观念上引领学员，帮助学员突破现有的思维格局，能够以更大的视野去看待问题，找到方向。
- 导师给予的支持不仅是工作上的，也可能是思维、个人职业规划上的。
- 导师通常会由上二级主管担任或斜线上二级主管担任。

教练。

- 一种指的是"师傅"，指有成熟的经验和技能，能够带教新人、提升其工作技能的人，通常由绩优的老员工担任。
- 一种指的是辅导者，除了提供工作技能上的指导，还给予工作上的反馈辅导，协助其修正方向、找到更好的解决方案，通常由上一级主管担任。

项目学习 vs 行动学习

项目学习：参与项目，在实践中自我学习，结合带教或导师辅导，实现更好的提升效果。

行动学习：参与实际工作并解决相关问题，边干边学的组织发展技术及流程。

个人发展计划 vs 绩效改进计划

个人发展计划。

- 对象：绩优员工。
- 目的：帮助员工更好地规划未来的发展。

- 目标的设定：以个人的目标为主，结合企业的目标，两者达成一致。
绩效改进计划。
- 对象：绩效一般或绩效差的人员。
- 目的：提高绩效。
- 目标的设定：以企业的业绩要求为导向，要求员工达成业绩目标。

5.4　不同能力最有效的发展方法

常言说："对症下药。"一种药不可能治百样病，一种方法也不可能适用于所有能力的提升和改善。针对不同能力的提升和改善，应该如何选择最有效的方法呢？这是有规律可循的。

与知识技能有关的能力，采用培训的方式效果是比较好的，就如同小学、初中、高中、大学的教育，上课和考试能协助学生打下坚实的基础。

与实践操作有关的能力，采用辅导和行动学习的方式效果是最好的，就是人们经常说的师傅带徒弟、手把手实际带教。

与战略制定、商业模式设计有关的能力，课程培训的效果不是最好的，因为这部分能力需要在实战中去动态地判断和不断地分析总结，需要个人的领悟能力，因此，要么有高人指点，要么在实战中成长。因而，辅导及项目学习的方式效果是比较好的。具体来讲，就是给员工一个战略性的项目，如××产品的研发、上市、推广、销售一体的新产品管理项目，让员工在各种复杂的信息中挖掘问题的本质、聚焦重点，同时辅以高阶战略教练的随时指点和辅导，从而加速培养其战略及商业模式的相关能力。

当企业推动变革、孵化新业务时，建议先选对适合做新业务及新产品的人，再实施辅导的人才发展方法。因为人不合适，再培养也是无效的。

针对那些动力不够或志不在此的人（表现出积极性不高、配合度不强），最有效的方式不是先发展，而是先采用针对性的激励方法，即先激活动力再发展，同时配备导师进行持续的职业规划和辅导。

如果确实价值观不适配，就得先找对人，找那种热爱这个岗位、这个行业的人，然后进行针对性发展。

有一些能力与个性和领导力风格有关，如做事比较干脆、容易焦虑等。对此，需先强化其自我认知，再结合辅导的方式。为什么需要先强化自我认知呢？因为对于与个性有关的能力，如果自己不深刻认识其危害性，别人讲再多的道理都是无效的。

有些能力如学习力、反思力、创新力、组织敏感度、政策敏感度等，后天较难培养。如果想用有这些能力的人，最关键的方法是找对人。找对人涉及人员招聘、内部晋升、人员配置等方法。

不同能力类型的适配人才发展方法建议如表 5-2 所示。

表 5-2　不同能力类型的适配人才发展方法建议

能 力 类 型	适配人才发展方法
知识技能	培训
实践操作	辅导、行动学习
战略制定、商业模式设计	辅导、项目学习（战略/商业类）
变革、新业务	找对人（招聘/晋升/配置）+辅导
动力、职业规划	找对人（招聘/晋升/配置）+导师
个性、领导力风格	自我认知（测评）+辅导
学习力、反思力、创新力、组织敏感度、政策敏感度	找对人（招聘/晋升/配置）

5.5　发展技术与六大应用场景

在企业实际的业务推动中，涉及组织和人才发展的六大关键场景。发展技术如何更好地在六大场景应用呢？具体思路如表 5-3 所示。在不同场景下整合使用不同的方法，效果更佳。

表 5-3　发展技术在六大场景中的应用

六大场景	招聘选才	培训体系建立	人才梯队建立	发展及晋升	绩效辅导	文化推动
发展技术	能力模型 行为面试 入职培训 工作任务 在岗辅导 及反馈	能力模型 培训需求 调查 以能力为 基础的培训 体系 内部讲师 培训	能力模型 评鉴中心 培训课程 辅导与反馈 行动学习 项目学习 教练/导师 个人发展计划 职业规划 自我认知及 反思	能力模型 评鉴中心 项目学习 行动学习 教练及 导师 轮岗计划 个人发展 计划 职业规划	能力模型 绩效评估 绩效辅导 日常反馈 个人发展 计划	核心能力 文化调研 行为宣导 活动 价值观培训 导师辅导 内部讲师 培训

5.5.1　场景一：招聘选才

敏捷人才管理的第一个落地应用场景是招聘选才。如果能有效提高招聘的精准度，就会使人才发展更为轻松和高效。

在企业实际工作中，大家都会认同一个现象：虽然有许多人，但可以委以重任的永远是那几个人。这就像女人的衣橱挂了许多衣服，但穿来穿去就是那么几件，而且总感觉没有一件拿得出手的衣服。由此可见，衣服不在多，在于适合自己；人不在多，在于扛得住事。人才发展的第一步是选对人——找到适合企业且能力高的人。在招聘选才时，虽然百分之百看准人是不可能的，但提高看对人的概率在技术上还是行得通的。招聘的核心技术是 STAR 模型（见图 5-2）。

STAR 模型即基于行为的面试技巧，具体来说，就是要看一个人的行为，不要只是听他说了什么。也就是说，看发生在他身上的真实案例。请他举一个真实的例子：当时的情境（Situation）是怎样的；他的任务（Task）是什么（希望达成什么结果或产出）；为了达成目标，他做了些什么（Action）；

做了这些事情后结果（Result）如何。STAR 核心思想就是行不行看行动，说得再好也没有用。

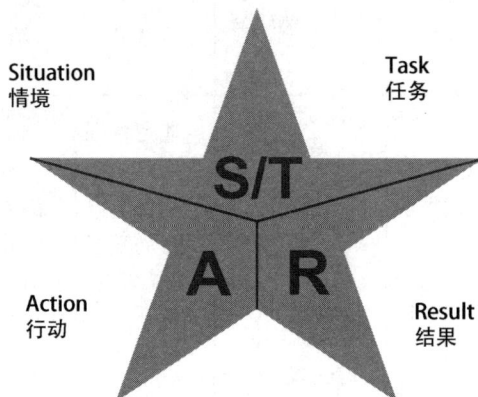

图 5-2　STAR 模型

心理学研究表明：一个人的行为是有惯性的，不会轻易改变。也就是说，从过去的行为表现可以预判一个人未来的行为表现，因此，可以通过行为偏好的预判来降低用人风险。

招聘选才为什么是人才管理的第一大应用场景呢？回到敏捷人才管理模型，当企业清晰描绘想要的人的画像（能力标准）后会发现，有些能力是先天的，是很难通过后天的培养去建立的，或者后天培养需要花费的代价是极大的，因而需要在源头就开始人才管理的第一步，这样才能让人才发展事半功倍。

样本：基于行为的招聘手册

学习力　　迅速掌握并运用新知识，能举一反三

情境问题

问题一：请描述你学习新知识并成功解决实际工作问题的一次经历。

追问：你是怎样获取学习新知识的渠道的？学习过程中遇到了哪些挑战？你是如何解决的？你是如何将新知识运用到实际工作中的？新知识在实际工作中产生了哪些效果？

问题二：作为企业文化推广的一员，你将在一个月后提供一份企业文化推广的可行方案，但你从未做过类似的工作。你打算如何做？

追问：你为什么会这么做？你希望看到怎样的结果？你预判可能的挑战是什么？

评分表格

重点考察能力	评 估 标 准		打　　分
学习力	知道通过什么途径获取信息和知识	1分	
	知道如何将所学知识应用到实际工作中	2分	
	知道如何在实际工作中灵活应用，举一反三	3分	

评分说明：根据候选人的回答，依据答案在对应的分数后用"√"标注。

| 沟通影响 | 表达观点，说服他人 |

情境问题

问题一：请讲一讲你成功地让持不同意见的同事接受你的想法或思路的一次经历。

追问：当时的情况是怎样的？你希望达成什么目标？你们在沟通中的最主要分歧是什么？对方不愿意接受你的想法的根本原因是什么？对方在意的关键点是什么？你在沟通中做了什么让对方接受你？结果如何？

问题二：公司由于规模扩大，即将搬往新的办公地点，但距离较远，领导希望你协助缓解部门同事的不满情绪并说服大家接受。你打算如何做？

追问：你为什么会这么做？你觉得部门同事可能的顾虑是什么？你可能面临的挑战或风险是什么？你如何确保自己的解决方案会被他人接受？

评分表格

重点考察能力	评 估 标 准		打　　分
沟通影响（说服他人）	能够清晰表达出自己的想法，或者阐明理由	1分	
	能够站在他人角度关注并理解他人想法	2分	
	能基于他人的利益或痛点，让其接受自己的想法	3分	

评分说明：根据候选人的回答，依据答案在对应的分数后用"√"标注。

问题分析与解决　　分析信息，有效解决问题

情境问题

问题一：请分享你在工作中成功解决问题的一次经历。

追问：你面临的问题是什么？为什么会产生这样的问题？造成这样的问题的关键点是什么？你提出了什么解决方案？为什么你认为这种解决方案会有效？你可能面临的风险是什么？你的预案是什么？结果如何？

问题二：你发现很多同事在最初进入公司时，专业水平并无太大差异，但是经过一年的时间，每个人的表现会各有不同。请分析产生这种现象的原因，以及你的解决方案。

追问：你认为导致这种现象的关键因素有哪些？你的解决方案是否有效？如果效果不佳，有何备选方案？

评分表格

重点考察能力	评 估 标 准		打　　分
问题分析与解决	能快速找到问题的关键点	1分	
	能提供有效的解决方案	2分	
	不止一种解决方案	3分	

评分说明：根据候选人的回答，依据答案在对应的分数后用"√"标注。

客户导向　　　　理解他人，超越客户期望值

情境问题

问题一：请举例说明由于你的努力而让客户感到满意的一次经历。

追问：该客户当时的具体情况如何？你是如何推进与客户的良好沟通，并准确把握客户需求的？在把握客户需求后，你做了哪些努力以满足客户？在这个过程中，你是否遭遇挑战或困难？结果如何？

问题二：客户的需求有时会出现超出己方能力范围或原则的情况。请举例说明你是如何应对这种情况的。

追问：该客户当时的具体情况如何？你是如何挖掘客户需求的？你是如何理解当时的客户需求的？在把握客户需求后，你做了哪些努力以满足客户？在这个过程中，你是否遭遇挑战或困难？结果如何？你是如何维护后续与该客户的关系的？

评分表格

重点考察能力	评估标准		打　　分
客户导向	理解客户需求后的深层意图	1 分	
	能兼顾公司利益和客户满意的解决方案	2 分	
	超越客户期望的长期关系建立	3 分	

评分说明：根据候选人的回答，依据答案在对应的分数后用"√"标注。

在新员工入职后，公司要及时开展新员工的入职培训，其目的是让新员工尽快熟悉公司情况，尽快建立信任并融入公司，理解并认同公司文化。同时，公司要指派教练或导师，及时提供在岗的辅导反馈。

新员工入职后的 3~6 个月很关键，决定新员工的文化融入，以及公司是否让员工通过试用期。因此，公司最好制订一个新员工入职 180 天详细培养计划，以更好地协助新员工认可企业文化，有效降低人才流失率。

第一阶段：新员工入职，让其知道要做什么（第 3~7 天）

为了让新员工在 7 天内快速融入公司，要做好以下六个关键工作。

- 给新人安排好座位及办公设备，并介绍同事相互认识。
- 开一个欢迎会或聚餐介绍部门里的每个人，相互认识。
- 直接上司与新员工单独沟通，让其了解部门目标、新员工角色定位、工作职责、试用期的工作目标等；询问一下新员工 3 个月的工作思考及交付等；提出自己的期望并询问其需要的资源和协助；建立双方的沟通机制；告知第一周的工作任务（包括每天要做什么、怎么做及对接人）。
- 组织公司新员工培训，让新员工了解公司文化、历程、组织结构、公司的规章制度、流程机制，以及职业发展空间。
- 对于日常工作中的问题及时发现、及时辅导（对事不对人），并给予及时肯定、表扬及改进建议。

- 安排资深员工作为其教练或导师，给予工作上或思想上的辅导，让其尽快融入。

第二阶段：协助新员工快速展开工作，并让其知道如何能做好（第8~30天）

管理者用较短的时间帮助新员工快速展开工作，有以下四个关键方法。

- 带教新员工快速熟悉工作流程、技巧和实践方法。
- 及时观察其情绪及产出状态，及时协助其调整。
- 及时把自己的经验教给他，让其在实战中学习。
- 对其成长和进步及时肯定和表扬，并提出更高的期望。

第三阶段：让新员工接受挑战性任务（第31~60天）

在适当的时候给予适当的压力，以促进新员工的成长。

- 清晰判断新员工的长处及短处，让其明白如何达成工作的要求及考核的指标。
- 多开展团队内的协同工作，促使其发挥优点和能力。
- 在出现问题的时候及时反馈，给予其改善的机会，同时观察其心态及行为，以判断其潜力。
- 如果新员工实在无法胜任当前岗位，看其是否适合其他岗位，多给机会。

第四阶段：表扬与鼓励，建立互信关系（第61~90天）

不要吝啬自己的赞美，提升表扬的技巧。表扬一般遵循三个原则：及时性、多样性和开放性。

- 当新员工完成挑战性任务，或者有进步时，要及时给予表扬和奖励。表扬和奖励需要及时且具体。
- 可选用多种形式的表扬和鼓励，多创造不同的惊喜感，即注意表扬和鼓励的多样性。
- 给新员工展现其工作产出和自我思考的机会，让其分享自己的成功，或者总结经验，增强团队成员之间探讨的开放性。

第五阶段：新员工融入团队，对团队产生价值（第 91 ~ 120 天）

作为新生代员工，他们不缺乏创造性，应强化其融入团队项目并产生价值的能力。

- 鼓励新员工积极参与团队会议及在会议中发言，并给予适当的表扬和鼓励。
- 鼓励新员工参与团队内部机制、团队文化、目标达成、流程优化等交流和经验分享，提升其主动性和积极性。
- 与新员工探讨工作任务达成的方法，当其提出好的建议时要给予肯定。

第六阶段：赋予新员工使命，适度授权（第 121 ~ 179 天）

此阶段，一般新员工已转为正式员工，管理者的任务重心也要随之转入以下四点。

- 帮助新员工厘清定位，让其清楚自己的短、中、长期的工作责任、工作目标、工作重点及阶段性产出成果，找到自己的目标和方向。
- 要对新员工的状况有敏感性，当其有负面情绪时，要协助其及时调整；当其有一些认知和观念上的偏差时，要引导其用符合公司价值观的思考方式和做事方式解决问题；让其理解并认同公司文化及价值观、聚焦正确方向、聚焦绩效和个人能力提升。
- 当公司有重大的事情或者振奋人心的消息时，要引导大家分享，并及时激励新员工。
- 适度放权，让新员工自行完成工作，协助其找到工作的价值并享受成果带来的喜悦，但放权不宜一步到位。

第七阶段：总结反思并制订发展计划（第 180 天）

6 个月后，需要与新员工做一次正式的绩效反馈与个人发展计划制订。一次完整的绩效面谈一般包括下面的六个步骤。

- 每个季度保证至少 1 ~ 2 次 1 小时以上的正式绩效面谈。在面谈之前做充分的准备，谈话做到有理有据。
- 绩效面谈主要是明确目的和员工自评（做了哪些事情、有哪些成果、为成果做了什么努力、哪些方面做得不足、与标杆之间的差距、如何能做得更好）。

- 领导的评价包括绩效成果、行为表现、态度、价值观。要先肯定再说不足，在谈不足的时候要有真实的例子做支撑。
- 协助新员工确定目标和行动计划，并达成阶段目标产出承诺。可适当跟进目标，以协助其达成既定的目标。
- 为新员工争取发展机会。多与其探讨能力及职业发展规划，至少每3 ~ 6个月与其沟通一次。
- 给予新员工参加培训的机会。鼓励其平时多学习、多拓展思维，协助其制订成长计划，并分阶段跟进。

第八阶段：全方位关注下属成长（每一天）

在 6 个月后，一般新员工基本胜任本职工作并开始融入团队，需协助其接受并喜欢公司文化，以及更多地产出绩效。

- 持续关注新员工的生活，当其受打击、生病，或者产生迷茫时，多支持、多沟通、多关心、多帮助。
- 多种形式的员工活动和关怀，如在生日当天可以集体庆祝，对于每次的突破、进步给予及时的表扬和奖励。
- 定期举办各种形式的团队活动，增加团队的凝聚力，强化情感的连接和互信的建立。

5.5.2 场景二：培训体系建立

敏捷人才管理的第二个落地应用场景是培训体系建立。课程体系设计如图 5-3 所示。课程体系设计可以分为五大类。第一类是公司介绍系列，包含公司历史、业务介绍、组织介绍、政策法规等，一般会在新员工培训时完成。第二类是核心能力系列（文化价值观系列），其目的是让员工理解并快速接受公司文化，可以单独进行也可以合并到新员工培训、日常辅导反馈中进行。第三类是管理能力系列（管理团队的领导力），主要针对管理者提升管理能力的系列课程、项目、沙龙等。第四类是专业能力系列（各部门的专业能力），可分为研发系列、技术系列、运营系列、销售系列等，主要是针对专业条线的团队提升专业能力的系列课程、项目、沙龙等。需要注意的是，管理能力系列和专业能力系列会依据不同层级（主管、经理、总监），课程难度也需要分层分级，同人力资源的初、中、高级证书是一个道理。第五类是通用及专业知识系列（针对全体员工的培训），如时间管理、英语培训，以及与产品或业务相关的专业知识和技能培训。

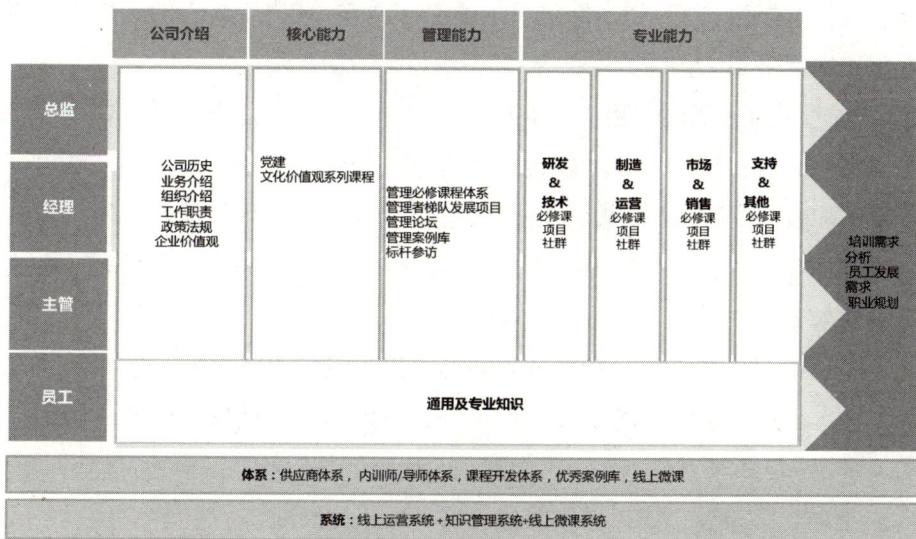

图 5-3　课程体系设计

上面谈到了体系设计中的五大系列，五大系列中的很多发展方法是相同的，如培训方法、项目方法、沙龙方法等。这里重点介绍三种常用的发展方法（见图 5-4）。

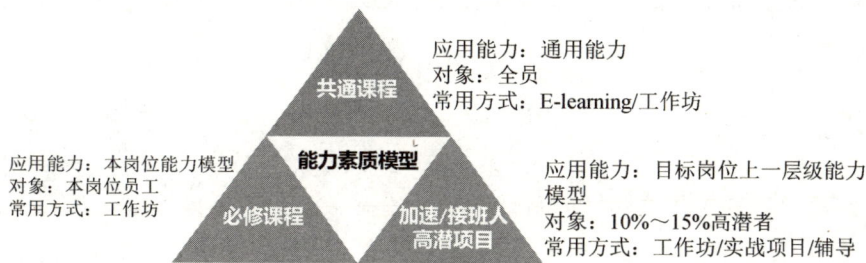

图 5-4　常用的发展方法

以上这三种常用的发展方法分别对应不同人群及发展目标，具体如下。

基于通用能力的共通课程：应用能力为所有员工应具备的基本能力和知识，课程面向全员，方式多采用线上的 E-learning 系统。许多公司会培养内部讲师，在公司内部全面推动共通课程，如 Execl 技巧、高效沟通、团队合作、时间管理、逻辑分析、情绪管理等课程。

基于本岗位能力的必修课程：应用能力为胜任本岗位必须具备的能力，课程面向本岗位员工，为本岗位员工的必修课程，相当于大学的必修学分的课程。通常采用工作坊方式，也可定制成线上微课系统。

加速/接班人高潜项目：此类项目针对的目标人群是岗位高潜者，一般是岗位总人群占比 10%~15%的优秀人才。企业希望他们能在未来承担更重要的职责，甚至可以成长为上一层级岗位的接班人，因而此类项目培养的目标和标准会依据上一层级的能力要求，培养方式更多元，有工作坊、实战项目、辅导等。

案例说明：基于核心能力及管理能力素质模型的培训体系框架

图 5-5 是基于核心能力及管理能力素质模型的培训体系框架，横轴为核心能力+管理能力模型（分为主管、经理、总监三层），纵轴是三种培训形式：管理共通课程、管理必修课程、管理梯队发展项目。

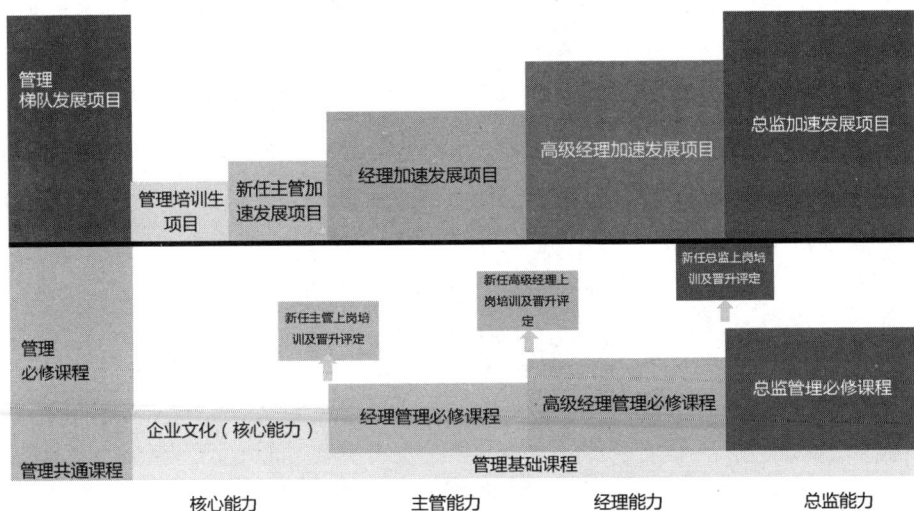

图 5-5　基于核心能力及管理能力素质模型的培训体系框架

管理共通课程：针对所有层级的管理者。除此之外，所有管理者还需要参加与文化有关的课程。

管理必修课程：不同层级的管理者分别对应不同层级的必修课程。有些公司还会针对新晋升的管理者开设标准版本的上岗培训课程。

管理梯队发展项目：针对不同层级管理者的高潜后备加速发展项目，源源不断地为公司培养并输送优秀的管理者，形成公司健康的管理人才供应链体系。其中，管理培训生项目是近几年普遍比较关注的，是管理者培养的摇篮，为公司输送了大量的新鲜血液。

样本：管理必修课程体系（基于管理能力素质模型）

管理必修课程体系如表 5-4 所示，是由三个不同层级的员工基于管理能力路径图所设计的管理必修课程体系。管理必修课程体系的目的是更好地协助提升不同层级管理者的管理能力，确保员工能在现在的工作岗位上建立正面积极的态度，以及拥有胜任本岗位所必需的管理能力和实践应用。

表 5-4　管理必修课程体系

能力素质模型	员　工　类	一线/中级管理者	高级管理者
结果导向	做工作的主人 如何更好地与上司共事	采取行动解决问题 项目管理 以结果为导向的管理 保证执行——如何建立高效的内部执行能力	有响应的领导力 公司文化与实施策略
沟通能力	沟通技巧工作坊 成功的互动技巧	商务写作技巧 成功的谈判技巧	商务礼仪 跨文化交流
团队合作	编织内部组织网 高效团队工作技巧	创意思考训练营 掌握互动技巧 群策群力——组织变革和解决跨部门问题的武器	打造高绩效团队 冲突管理与工作 团队工作

能力素质模型	员 工 类	一线/中级管理者	高级管理者
影响他人	建立信任 有效沟通的动力	创造信任的环境 如何达成共识	如何成为有效影响他人的领导者
组织与计划	问题分析与解决 时间管理工作坊	流程管理 高阶项目管理	策略性规划
问题解决	问题分析与决策制定 客户异议处理实战模拟	团队问题解决工作坊 创意思考营	策略性决策者
资源最优	问题解决的工具和技巧 更好地支持他人	为结果授权	建立双赢的伙伴关系
变革领导	如何应对变化的环境	解决冲突 如何激励他人	领导变革
商业敏感度	—	—	高级管理者的财务知识 顾问式销售
目标设定	目标设定 知识性人才的生涯规划	个人发展计划 主动为工作负责	如何制订卓越的商务计划 最大化团队绩效
部属发展培养	—	教导技巧 结果导向的授权技巧 目标选才	为绩效而教导 团队领导力及部属激励
跨部门协调	情商管理及社交风格	会议主持技巧	影响他人的技巧
基本技能	问题分析与创意思考 压力与情绪管理	问题分析与决策制定 压力管理	项目管理 有效的简报技巧
客户导向	用心服务	客户服务中的异议处理	打造服务标杆

样本：销售必修课程体系（基于销售能力模型）

销售必修课程体系如表 5-5 所示，是基于销售能力路径图所设计的销

售必修课程体系。销售必修课程体系的目的是更好地协助不同层级销售人
员的销售专业能力和销售管理能力的提升，确保销售人员能在现在的工作
岗位上建立正面积极的态度，以及拥有胜任岗位所必需的销售能力和实践
应用。

表 5-5　销售必修课程体系

能力素质模型	新进及初级销售人员	中级销售经理	高级销售总监
部属培养发展	—	金牌销售团队打造与管理 销售人员的人力资源管理实务	高级销售团队领导 销售领导力与业绩管理 销售教导及人力发展
商业敏感度	优质客户服务	销售基本财务管理	危机管理 商业盈利模式及创新
战略与方向	销售人员的时间管理与目标管理	销售人员项目管理实务 制定未来发展目标	决策制定和高效执行力 策略性问题分析及解决
策略性客户影响力	行业趋势及市场策略分析	大客户关系管理	渠道销售管理 高级社交礼仪与技巧
客户导向	专业销售技能 顾问式销售 专业销售简报技巧 客户异议处理 销售实用商务礼仪	销售谈判技巧 销售人员的市场能力提升 解决方案销售 TAS 销售训练营 专业简报技巧	高阶谈判技巧 高层简报技巧 高层心理及关系管理
与客户建立伙伴关系	有效沟通——建立良好的人际关系 销售心理行为分析及个性测评	市场机会策略分析 客户高级关系管理	大客户销售策略
积极主动	超越自我，激发销售潜能 压力管理	巅峰销售训练营 销售拓展训练：没有不可能	职业规划及企业家精神

5.5.3　场景三：人才梯队建立（加速/接班人项目）

人才梯队打造类项目主要针对高绩效及高潜力的员工，确保管理团队

或核心岗位各个层级的高潜人才能得到重视及更为系统的发展。人才加速/接班人项目具备未来性和长期性,通常分为几个阶段,每个阶段锁定未来发展所必需的1~2个能力要求,且针对性的行动学习贯穿整个项目。将每个阶段所学运用于实践项目中,以加速提升高潜管理者及业务骨干的能力,同时让高潜人才能够在未来承接上一层管理或业务岗位。

参加项目的员工除由 HR 或部门负责人提名外,还必须经过一定的测评。加速/接班人项目的课程不仅仅是知识的传授,其价值更多地体现在如下几点。

- 统一核心人才对于战略的理解,加快战略的落地及确保高效执行。
- 展现对核心人才的重视和关注,以保留关键人才。
- 强化人才储备,源源不断地输送人才,避免企业人才断层。
- 促进核心人才更多的交流和影响,强化核心人才的文化迭代。
- 加速提升核心人才应对转型变革、突破创新的群体能力。

加速/接班人项目的设计原则为 70/20/10 理论(见图 5-6)。具体来讲,对于高潜员工的培训及知识的学习效果只有10%,内外部教练辅导的学习效果可以达到 20%,通过项目中的行动学习的学习效果可以达到 70%。70/20/10 理论告诉大家:针对相对优秀的人群,实践项目学习的方法对于能力提升的效果是最好的,在人才梯队建立的过程中要多加运用。

在岗项目	教练及发展型关系	培训及其他学习形式
70%	20%	10%
行动学习/项目学习	内外部教练辅导	工作坊、论坛、主题研讨会等多种方式相结合
与企业战略或业务方向相关的行动学习	整个项目内外部教练对行动学习中的问题进行辅导反馈,并辅以自身经验分享	各模块定制化工作坊、研讨会或论坛

图 5-6　70/20/10 理论

1．人才梯队建立实施流程

人才梯队建立实施流程（见图 5-7），分为四个关键步骤：建立人才库、人才能力评鉴、制订基于盘点结果的组织及人才效能解决方案、进行训战结合的混合式发展。

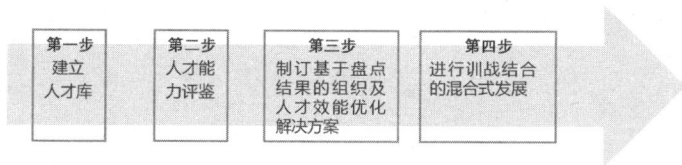

| 第一步
建立
人才库 | 第二步
人才能力评鉴 | 第三步
制订基于盘点结果的组织及人才效能优化解决方案 | 第四步
进行训战结合的混合式发展 |

图 5-7　人才梯队建立实施流程

第一步，建立人才库。人才库有几个重要观念，如重点培养对企业价值最大的员工而不是已经准备提升的员工、人才库的规模取决于目标级别的数量需求（成长或离职）、对人才发展的重视和企业内部支撑能力（最高层的重视程度、导师数量等）需匹配。最关键的一点是，进入人才库不代表一定会晋升。

人才库候选者的选拔维度包括工作绩效（如连续 3 年获得优秀员工奖）、资历/职位、工作经验、技术能力、工作态度等，多为冰山模型上的硬性条件及冰山模型底层的文化匹配度。选拔流程一般先由部门主管提名，然后经人力资源部门审核后进入能力评估，待评估确认后交由高层最后核准。

第二步，人才能力评鉴。具体的评鉴技术在本书第 2 章已经具体讲述，人才能力评鉴的难点是潜力。潜力其实主要指价值观、个性及较难培养的能力：价值观如成就驱动、金钱驱动、权力驱动等；个性如适应性、情绪管理、人际敏感等；较难培养的能力如战略制定、商业敏感、政治敏感、愿景领导等。

第三步，制订基于盘点结果的组织及人才效能优化解决方案。相关内容在第 2 章已经具体讲述。在人才梯队建立过程中，此部分最重要的产出是个人报告（包含个人的优劣势、个人发展计划）和团队报告（包含团队优劣势、团队发展计划）。

第四步，进行训战结合的混合式发展。运用培训、促发反思、实践应用、教练与导师、项目学习、轮岗等多种方法有机组合，最大化地发展效率产出。

2. 样本：数字化人才梯队建立设计（见图 5-8）

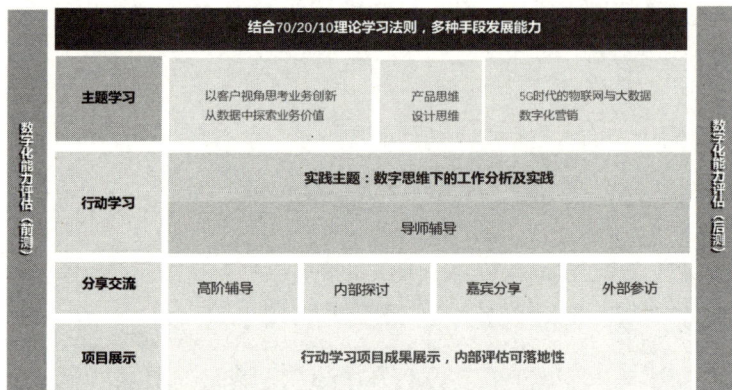

图 5-8　数字化人才梯队建立设计

3. 梯队人才培养中的行动学习设计及实施

行动学习（项目学习），也称为"做中学"，是将知识和实践技能运用于实际商业项目的有效方法。行动学习自 20 世纪 40 年代开始，其有效性已被大量知名企业运用并证明：行动学习是一个发展员工和组织的有效方法，同时也是提高企业效益的方法。

行动学习的四种产出成果

行动学习的四种产出结果包括个人领导力发展、团队发展、解决问题、组织变革。

行动学习中的角色分工

发起人：行动学习的发起者、倡导者，为行动学习项目组协调资源。

内部导师：作为思想导师，对行动学习中出现的思想导向、态度方面进行指导和引导，定期出席班级的学习活动，并在现场给予点评或反馈。

内部教练：工作范围与项目主题专业对口。

外部教练：外部顾问团队，在管理方法论及项目行动学习过程中提供辅导与工具说明。

发起人角色职责（见表 5-6）。

表 5-6　发起人角色职责

目　标
• 倡导和传递行动学习对于组织及人才发展的重要意义,通过各种途径宣传管理层认识并重视这次行动学习项目,给予行动学习项目组成员以精神鼓励

职　责
• 宣传倡导:参与行动学习的项目启动会议、成果展示等里程碑环节的活动,并给予公司层面的评价、认可和点评;不定期听取导师/教练的简报,提供反馈意见等。每两个月至少一次
• 提供支持:对导师/教练提出的项目进程中需要公司层面解决的资源方面的问题,慎重评估并提供支持
• 评估反馈:对导师/教练提出更高期望,并有效开展评估与辅导

原　则
• 正面积极,鼓励行动学习的导师/教练和学员积极参与、互相配合,共同完成项目目标
• 发起人是行动学习的倡导者,应关注行动学习的项目进程及进程中出现的困难,并给予资源上的协助

辅导工具
• 标准化流程模板:导师/教练按照标准化项目模板,对项目学习进行流程管理,并辅导学员按模板完成项目作业

导师/教练角色职责（见表 5-7）。

表 5-7　导师/教练角色职责

目　标
• 对项目组成员的参与给予必要的关注,特别是在项目进程中出现拖沓、职责不清等问题时,及时给予纠正,对思想态度、工作开展进行正向的积极引导,确保他们在项目实施的过程中,各方面的综合能力得到充分锻炼和提高,并扩大其在企业的影响力

职　责
• 项目管理辅导:定期听取关于各个小组项目的进程、项目执行阶段成果的汇报,及时给出相应的改善建议,尤其是在思想态度、困难障碍方面要进行关注。通过疏导和激励,保证项目按既定计划完成,并达成项目目标。每两个月至少参加一次项目阶段汇报会议
• 提供支持:对项目进程中需要导师/教练层面解决的资源方面的问题,慎重评估并提供支持
• 评估反馈:对项目团队提出期望,并有效帮助项目组成员开展评估与反馈

续表

原　　则
• 正面积极，提醒学员行动学习的目的是通过参与项目使自己和团队都更加优秀
• 对项目组成员多加引导，提高他们的积极性与主动性
• 辅导时要耐心，语气委婉，态度诚恳、温和；绝对不要有质问、问责的语气或态度

辅导工具
• 标准化流程模板：按照标准化项目模板，对项目学习进行思想及业务辅导，并协助学员按模板完成项目作业

外部教练角色职责（见表 5-8）。

表 5-8　外部教练角色职责

目　　标
• 为项目组成员提供全程的项目辅导和答疑，运用项目管理技能和相关专业知识，使他们在项目实施的过程中，各方面的综合能力得到充分的锻炼和提高

职　　责
• 项目管理辅导：对项目的进程、项目执行阶段成果进行评估和分析，及时给出相应的改善建议，保证项目按既定计划完成，并达成项目目标；按项目需求，听取项目小组项目进度简报，提供反馈意见等；开展答疑、辅导。依据项目进度情况，共进行三次辅导
• 作业质量管控：对项目小组提交的作业提供反馈意见和质量改善建议，并督促项目组成员按标准化流程完成作业，对最终交付的作业质量进行把控
• 项目经理、内部导师/教练辅导：对项目经理、内部导师/教练做辅导，帮助他们顺利开展项目组内的各项相关工作
• 项目质量评分及设计：对项目的评分维度进行设计，并且在项目进行过程中，不断与导师/教练及发起人对项目进度进行评判，给出反馈意见

原　　则
• 正面积极，提醒学员项目学习的目的是在自身的基础上如何更加优秀
• 对项目组成员多加引导，引发其思考解决方案
• 辅导时要耐心，语气委婉，态度诚恳、温和；绝对不要有质问、问责的语气或态度

辅导工具
• 标准化流程模板：按照标准化项目模板进行流程及交付质量管理，并监督辅导导师/教练和项目团队按模板完成项目作业

行动学习小组组长角色职责（见表 5-9）。

表 5-9　行动学习小组组长角色职责

目　　标
• 整体管控本小组所负责项目的进度及质量，使项目能够有序开展

职　　责
• 项目进度管理：对项目进度进行及时的追踪及管控
• 项目作业管理：对项目组成员提交作业、项目内部导师/教练辅导等情况进行追踪、提醒
• 多方沟通协调：在项目进行过程中对现场辅导、电话辅导等事宜进行妥善的处理和安排，确保内部导师/教练、外部教练能够合理地跟踪、关注项目的进度和情况

原　　则
• 认真：认真跟进及管控项目的具体实施情况
• 及时：能够按照项目整体时间规划，及时与项目组成员、教练及导师进行沟通，通过平台、微信等多种方式确认项目进度

总项目经理角色职责（见表 5-10）。

表 5-10　总项目经理角色职责

目　　标
• 为所有项目组成员与内外部教练、导师提供总体项目进度管理、时间预约安排等服务，使多方的沟通交流在项目执行周期内顺利开展和维系

职　　责
• 总体项目进度管理：对所有项目组的项目进度进行及时的追踪，对进度落后的项目组及时提醒和反馈
• 多方沟通协调：在项目进行过程中对现场辅导、电话辅导等事宜进行妥善的处理和安排，确保内外部教练能够合理跟踪、关注每组的进度和情况

原　　则
• 认真：认真统计、跟踪所有项目组的具体情况
• 及时：能够按照项目整体时间规划，及时与所有项目组进行沟通联系，通过平台、微信等方式确认项目进度

辅导工具
• 标准化流程模板：在外部教练的指导下完善标准化流程模板，并且及时发送给各项目组，与各项目组沟通联系，确认各项目组能够正确理解并使用

奖项设置

在行动学习结束后，为了更好地激励学员、表彰优秀，可以事先设计各类奖项激发动力。奖项设置可以分为团队奖（最佳/优秀行动学习小组奖）和个人奖（优秀组长、优秀学员及优秀导师/教练），可参照表 5-11。

表 5-11　奖项设置样本

奖项设置	数　目	备　　注
最佳/优秀行动学习小组	1~2组	最终得分第 1 名的获得最佳行动学习小组奖项，最终得分第 1、2 名的获得优秀行动学习小组奖项
优秀组长	1名	综合小组分数、小组成员及导师/教练打分产生，最终得分第 1 名的小组组长获得奖项
优秀学员	每个项目组1名	根据组长、导师/教练，学员打分产生，每个项目组产生 1 名优秀学员
优秀导师/教练	1名或所有	优秀导师/教练由以下两部分的分数构成，分数最高的导师/教练获得奖项，或者每个导师/教练都有一个符合其特点的奖项 • 团队拥有的分数即导师/教练所拥有分数的基数 • 组长、外部教练的评价：组长、外部教练依据优秀导师/教练的标准，对导师/教练进行评估

行动学习的考评设计

在整个行动学习的过程中，一般会在项目启动前就制定评估机制。评估机制分为最佳/优秀行动学习小组的评估及优秀个人的评估，具体评估样本如下。

最佳/优秀行动学习小组评分设计：可以分为三部分，如图 5-9 所示。

（1）平时成绩：平时每个模块课程及沙龙活动等的团队整体表现。

（2）阶段汇报：项目阶段成果的小组得分。

（3）最终汇报：项目最终成果的交付质量得分。

项目实施分为启动会议、阶段汇报及成果汇报三个关键阶段，每个阶段的工作侧重点是不一样的。

启动会议阶段重点可以从理论知识应用、项目规划品质、小组成员参与度等维度来进行设计，如表 5-12 所示。

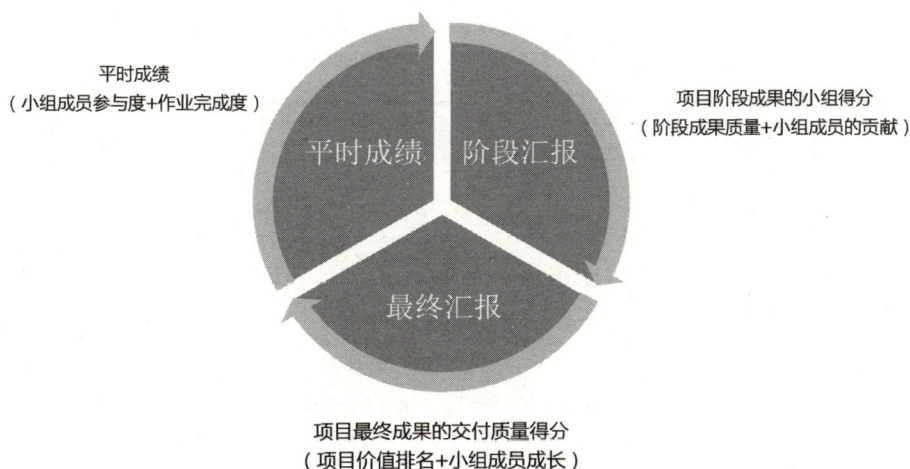

图 5-9 最佳/优秀行动学习小组评分设计

表 5-12 启动会议评估维度

	20分（100%）	16分（80%）	12分（60%）	6分（30%）	0分
理论知识应用（20%）	能熟练运用与项目选题相关的基础理论和专业知识（如WBS拆分、KPI制定等） 理论正确，概念十分清楚；层次清晰，逻辑性强，论证严密	能合理运用与项目选题相关的基础理论和专业知识（如WBS拆分、KPI制定等） 理论正确，概念清楚，应用合理	项目内容有理论知识作为支撑，无原则性应用错误	项目内容有理论知识作为支撑，但存在部分应用错误	项目内容无任何理论知识的应用
	40分（100%）	32分（80%）	24分（60%）	12分（30%）	0分
项目规划品质（40%）	项目规划的成果逻辑十分清晰，论证十分严密 项目规划的成果存在较多创新之处（如 WBS 拆分、KPI 制定等相关之处）	项目规划的成果逻辑较为清晰，论证较为严密 项目规划的成果存在些许创新之处（如WBS 拆分、KPI 制定等相关之处）	项目规划的成果逻辑较为清晰 项目规划的成果不够创新	项目规划的成果逻辑较为模糊 项目规划的成果不够创新	项目规划的成果逻辑混乱且没有创新的内容

续表

	40 分（100%）	32 分（80%）	24 分（60%）	12 分（30%）	0 分
小组成员参与度（40%）	小组成员出勤率为100% 没有人迟到早退 小组成员全员精神饱满，积极参与启动会议的各项议程	小组成员出勤率为80%以上 1~2 名小组成员存在迟到或早退的情况 小组大部分成员精神饱满，积极参与启动会议的各项议程	小组成员出勤率为70%以上 3 名小组成员存在迟到或早退的情况 小组大部分成员精神饱满，积极参与启动会议的各项议程	小组成员出勤率为60%以上 3名以上小组成员存在迟到或早退的情况 小组部分成员存在态度消极、不积极参与启动会议的各项议程的情况	小组成员出勤率为50%以下 4 名以上小组成员存在迟到或早退的情况 小组大部分成员态度消极，不积极参与启动会议的各项议程

阶段汇报可以从理论知识应用、项目执行、解决方案及解决思路、小组成员参与度等维度来设计，如表 5-13 所示。

表 5-13　阶段汇报评估维度

	25 分（100%）	20 分（80%）	15 分（60%）	7.5 分（30%）	0 分
理论知识应用（25%）	能熟练运用与项目选题相关的基础理论和专业知识 理论正确，概念清楚，应用合理 层次清晰，逻辑性强，论证严密	能合理运用与项目选题相关的基础理论和专业知识 理论正确，概念清楚，应用合理	项目内容有理论知识作为支撑，无原则性应用错误	项目内容有理论知识作为支撑，但存在应用错误的地方	项目内容无任何理论知识的应用

续表

	25分 （100%）	20分 （80%）	15分 （60%）	7.5分 （30%）	0分
项目 执行 （25%）	工作量十分 饱满 能很好地按 既定的安排开 展工作	工作量较 为饱满 能按既定 的安排开展 工作	工作量尚 饱满 基本能按 既定进度开 展工作	工作量不 够饱满 无法按既 定进度开展 工作	工作量少 无法按既 定进度开展 工作
	25分 （100%）	20分 （80%）	15分 （60%）	7.5分 （30%）	0分
解决方 案及 解决 思路 （25%）	解决方案及 解决思路十分 清晰 解决方案切 实有效 解决思路见 解独到，解决 方案新颖	解决方案 及解决思路 较为清晰 解决方案 切实有效 解决方案 存在创新之处	解决方案 及解决思路 较为清晰 解决方案 有些许成效 解决方案 不够创新	解决方案 及解决思路 存在些许不 清晰之处 解决方案 有些许成效 解决方案 不够创新	解决思路 混乱 解决方案 不合理，没有 成效 无任何创 新的内容
	25分 （100%）	20分 （80%）	15分 （60%）	7.5分 （30%）	0分
小组 成员 参与度 （25%）	小组成员出 勤率为100% 没有人迟 到、早退 小组成员全 员精神饱满， 积极参与启动 会议的各项 议程	小组成员 出勤率为 80%以上 1~2名小 组成员存在 迟到或早退 的情况 小组大部 分成员精神 饱满，积极参 与启动会议 的各项议程	小组成员 出勤率为 70%以上 3名小组成 员存在迟到或 早退的情况 小组大部 分成员精神 饱满，积极参 与启动会议 的各项议程	小组成员 出勤率为 60%以上 3名以上 小组成员存 在迟到或早 退的情况 小组部分 成员存在态 度消极、不积 极参与启动 会议的各项 议程的情况	小组成员 出勤率为 50%以下 4名以上小 组成员存在 迟到或早退 的情况 小组大部 分成员态度 消极，不积 极参与启动 会议的各项 议程

成果汇报可以从理论知识应用、项目执行落地、解决方案及解决思路、项目 KPI 达成等维度来设计，如表 5-14 所示。

表 5-14　成果汇报评估维度

	25 分（100%）	20 分（80%）	15 分（60%）	7.5 分（30%）	0 分
理论知识应用（25%）	能熟练运用与项目选题相关的基础理论和专业知识　理论正确，概念清楚，应用合理　层次清晰，逻辑性强，论证严密	能合理运用与项目选题相关的基础理论和专业知识　理论正确，概念清楚，应用合理	项目内容有理论知识作为支撑，无原则性应用错误	项目内容有理论知识作为支撑，但存在部分应用错误的地方	项目内容无任何理论知识的应用
项目执行落地（25%）	25 分（100%）	20 分（80%）	15 分（60%）	7.5 分（30%）	0 分
	工作量十分饱满　能很好地按既定的安排开展工作	工作量较为饱满　能按既定的安排开展工作	工作量尚饱满　基本能按既定的安排开展工作	工作量不够饱满　无法按既定的安排开展工作	工作量少无法按既定的安排开展工作
解决方案及解决思路（25%）	25 分（100%）	20 分（80%）	15 分（60%）	7.5 分（30%）	0 分
	解决方案及解决思路十分清晰　解决方案切实有效　解决思路见解独到，解决方案新颖	解决方案及解决思路较为清晰　解决方案切实有效　解决思路存在创新之处	解决方案及解决思路较为清晰　解决方案有些许成效　解决方案不够创新	解决方案及解决思路存在些许不清晰之处　解决方案有些许成效　解决方案不够创新	解决思路混乱　解决方案不合理，没有成效　没有任何创新的内容

续表

	25 分（100%）	20 分（80%）	15 分（60%）	7.5 分（30%）	0 分
项目KPI达成（25%）	项目 KPI 全部达成（如设定的 3 个KPI 全部达成）	80% 项目 KPI 达成度（如某一个 KPI 为物流成本降低 10%，项目组最终实现将物流成本降低了 8%，则该 KPI 的达成率为 80%。项目KPI 的达成度为各 KPI 达成度的平均值）	60% 项目KPI 达成度	30% 项目KPI 达成度	项目 KPI均未达成

优秀个人评分设计包含优秀组长评分设计、优秀学员评分设计、优秀导师/教练评分设计。

（1）优秀组长评分设计。

优秀组长评分设计可参考表 5-15。

表 5-15　优秀组长评分设计

主要考查维度	主要考查点
参与度	态度积极，关注项目的进展，主动为项目的推进及完成做出贡献
小组分工	在进行团队分工时，不仅考虑小组成员的擅长领域，而且能为小组成员的能力提升考虑，尝试给予小组成员挑战性任务，并给予指导
制度规则	在规则执行的过程中，适时回顾并根据情况的变化调整制度规则，以保障项目及小组的顺利运作
小组激励	小组成员均具有主人翁意识，不仅能高质量交付自己的产出，而且愿意随时互相帮助，或者协助团队成员达成目标
项目推动	项目推动赶超原计划，且能够设置后备方案，取得重大进展

（2）优秀学员评分设计。

优秀学员评分设计可参考表 5-16。

表5-16 优秀学员评分设计

主要考查维度	主要考查点
参与度	态度积极,关注项目的进展,乐于并主动为项目的推进及完成做出贡献
贡献度	对项目的贡献度极高(如对项目的实施指引方向,完成具体的项目分配工作,协调资源,以多种方式提高小组成员凝聚力等),对项目的推进及开展产生积极的作用

(3)优秀导师/教练评分设计。

优秀教练/导师评分设计可参考表5-17。

表5-17 优秀导师/教练评分设计

主要考查维度	主要考查点
团队激励	能有效保持团队学习的热情和参与度
	能有效运用各种激励方式鼓励团队成员探索和创新、克服困难
导师/教练技术	能选择恰当的导师/教练技术帮助团队成员达成各种目标
	能有效引导团队成员主动思考,并达成团队共识
支持参与	按时出席每次项目阶段的面对面辅导
	安排并带领团队成员定期进行项目会议
	按计划关注和推进项目进程
问题解决	能主动协助团队调动和运用内外部资源,并有效影响他们参与和配合
	有效利用团队成员的优势来参与项目的计划和执行
	指导团队管理者做到明确高效、人员分工合理

5.5.4　场景四:发展及晋升

如何更好地协助员工成长?员工在成长过程中会碰到什么挑战?如何更好地激励员工?能力辅导、职业规划辅导是协助人才发展常规且有效的方式之一。

5.5.4.1　能力辅导

教练通过与被辅导者进行能力反馈的沟通,实现如下内容。

- 让被辅导者感受到教练对于其能力发展的重视。
- 请被辅导者分享对发展目标的期望,激发其自我发展动力。
- 协助被辅导者客观分析能力现状与发展目标的差距。

- 协助被辅导者合理设定能力发展目标，并提供建设性的辅导及建议。
- 协助被辅导者制订基于能力发展的发展计划及实施方案。

能力辅导的出发点如下。

- 基于下一个阶段的发展。
- 基于做了什么和如何做。
- 基于自我决定的目标。
- 个人和职业的目标。
- 现在的绩效表现对比未来岗位。
- 期望的绩效表现。

在能力辅导结束后，双方会一起制订一个针对被辅导者的个人发展计划，即结合员工岗位要求及下一个阶段发展目标，双方沟通达成的促使员工素质、技能提高的具体计划，可以是培训、导师、项目学习、岗位轮换等。

以往，能力辅导一般是一年一次或半年一次，现在是越来越频繁，且有替代绩效反馈的趋势，这体现出企业更希望通过过程中的能力提升来确保结果产出的高绩效。通过协助员工提升能力带来员工和企业最终双赢的效果远远好过仅仅告知员工绩效不好。

为了更好地协助教练提升辅导的品质，教练在辅导前需要做好能力辅导规划，如表 5-18 所示。

表 5-18　能力辅导规划（教练版）

教练姓名：	辅导维度：	被辅导者姓名：	本次辅导时间建议		下次辅导时间建议	
模　块	维　度	内　容	思　考　要　点			
被辅导者前期分析	个性分析	被辅导者的个性为何种类型				
	待提升点分析	被辅导者目前亟待提升的部分属于哪个维度				
	行为体现	平时工作或生活中的哪些行为能体现出被辅导者该部分亟待提升				
	辅导重点	本次辅导重点帮助被辅导者提升哪些部分？为什么				

续表

模　　块	维　　度	内　　容	思考要点
预设解决方案	破冰	针对被辅导者的实际情况与个性特质，辅导时采用了何种形式进行破冰	
	辅导预设	针对被辅导者本次亟待提升的部分，为其预设了何种解决方案 将以何种形式与被辅导者达成共识或让被辅导者意识到自身的待提升点	
辅导反思	辅导总结	辅导是否达到了预期 如果达到了预期效果，请总结一下成功经验；如果未达到预期效果，思考哪些地方可以进一步提升	
	提升计划	针对有待提升的地方，计划如何进行改善或提升	

能力辅导的时间、原则、步骤等相关内容

时间建议：60~90分钟/人。

地　　点：私密、安静、有安全感的地方。

角色定位：教练分享、引导、认可，帮助被辅导者更好地进行个人发展。

整体态度：正面乐观，认可鼓励（不批评、不判断、不负面）；

语气委婉，态度诚恳、温和；

绝对不要有质问、问责的语气或者态度。

辅导原则：正面积极，从人才发展的角度切入，提醒被辅导者本次辅导的目的是让其更加优秀。

能力辅导需要遵循五大步骤及专业话术引导，如表5-19所示。

表5-19　能力辅导步骤及话术

步骤	说明	用时建议	问题举例
开场白	做好沟通准备，打开话题	3~5分钟	• 经过上次的工作汇报，你有什么感受或想法可以交流一下

续表

步骤	说明	用时建议	问题举例
肯定优点	基于汇报或日常工作中的观察,肯定对方的优点	8~10 分钟	• 【引导自我认知】你认为自身所具备的优点是什么 • 【补充自我认知,给予认可】从我的角度,我观察到你的优点是……,如你……(辅以事例说明,增加认可度)
提出改进点	基于汇报或日常工作中的观察,提出对方需要继续提升的地方	12~15 分钟	• 【引导自我认知和反思】你觉得自己还有哪些地方可以继续提升 • 【如对方说得比较到位,可以表示认同】你提出的这些问题,我也观察到了,如……(具体事例说明) • 【如果对方说得不太到位,可以引导或补充】还有吗?除了这些,我还观察到……,如……(具体事例说明)
共同制订个人发展计划	根据 IDP 表单制订个人发展计划	20~25 分钟	• 【启发反思】针对这些需要提升的部分,你打算如何来提升自己 • 【给出建议和支持,制订 IDP】在对方提及的方法的基础上,给出发展建议,完成 IDP 表单,并确定阶段性反馈时间点 • 【确定定期反馈的时间】那么,我们下次沟通反馈的时间是……
总结并规划后续跟进事宜	提出期望及能够给予的支持,约定后续跟进计划	3~5 分钟	• 【给予鼓励,提出期望】我会为你提供……方面的支持,期待看到你在……方面的提升。我们下一次的时间建议……

在明了能力辅导的步骤和话术后,接下来需要思考如何让辅导更加有效。

有效的辅导

- 对做得好的地方进行具体描述。
- 针对一种情境而不是个人。
- 识别出员工难以应付的难题。
- 帮助分析问题及其出现的原因。
- 客观直接地表达。
- 私密地给予。
- 不会影响接下来的关系。

无效的辅导

- 指责当事人。

- 假定员工是错误的，并觉得应该给予其语言性的惩罚。

- 假定事情可以更好，但不给予获得提升的提示。

- 公开地给予反馈。

- 对之后的关系产生影响。

辅导的核心技巧：提问技术

（1）询问感受及意见。

用提问的方法帮助被辅导者表达想法、说出心声，鼓励讨论。

- 对于……你的反应是什么？

- 对于……你觉得怎么样？

- 对于……你是怎么考虑的？

- 什么使得你认为……？

- 有什么其他办法来……？

（2）陈述/释意。

帮助被辅导者相互理解的方法，即让一个人重复其他人说了些什么及陈述他人的意思。

- 你是让我……？

- 让我想一下，如果我理解你的情况，你是在说……？

- 让我来改述一下，我认为你是在……？

- 让我重述一下你提出的最后一点，来看看我是否理解了。

- 刚刚你的意思是……？

（3）鼓励参与。

有时被辅导者倾向于退缩，但通过以下的说法，他们可以被鼓励参与进来。

- 你怎么认为？

- 你将如何回答×××的问题？

- 我想听听×××是怎么看待这件事情的。

（4）要求总结。

- 你能否对主要内容总结一下？

- 能否总结一下我们达成的共识？

- 很明显×××并不同意。你能总结一下主要异议吗？

（5）要求澄清/说明。

- 我不明白最后一个问题，如果……，你们将怎么做？

- 你给的例子考虑到了……，也同样适用于……吗？

- 我始终不太清楚，当……的时候，我们应该做什么？

（6）要求举例。

- 你能针对你所说的举一个例子吗？

- 你可以解释一下吗？我不太确定我理解了。

（7）确认共识。

- 这样看来，我们已经在这件事上达成了共识。我们再确认一下。

- 这也是你的感受吗？

- 在进行下一个话题之前，我们来确认一下是不是我们都认同……

（8）发起行动。

- 你认为我们应该……

- 你建议我们如何进行？

- 我想要一些开始这件事情的方法。你建议我们如何开始？

（9）探索更细节的想法。

- 解决这个问题的其他方法是什么？

- 还有其他事情我们需要考虑吗？

- 对于这个问题，你还有什么补充的吗？

（10）分享感受。

- 我觉得你没有给×××机会来解释他的想法。

- 印象中你不满意我们的答案，对吗？

- ×××的评论告诉我，他需要问一些与之相关的问题，对吗？

（11）问题假设。

- 你的建议是除非我们使用××方法，否则他们不会合作，对吗？

- 你的疑虑是假设我们无法按进度完成工作，对吗？

- 你的异议是假设我们无法得到所承诺的交付物，是吗？

（12）确认目标/目的。

- 我们提出的问题对吗？

- 这些是最重要的目标吗？

- 这是与他们合作的最好方式吗？

- 这是完成工作的唯一途径吗？

（13）面对异议。

- 尽管你并没有这样说，但我很清楚你不同意，对吗？

- 你看上去对这个有所保留。你还有什么不满意的吗？

（14）角色互换。

- 你为什么不站在客户的角度想一想？现在，作为一位客户，你将如何应对这个提议？

- 试想你是区域经理，你将如何应对这个提议？

- 如果我那样对你，你会是什么感受？

（15）展望未来。

- 如果我们那样做，将会发生什么糟糕的事情？

- 如果它不起作用，我们会失去什么？

- 如果它起作用，它将如何影响……？

（16）关注行动选择。

- 我们已经考虑到了所有的可能性，我们必须从中做出选择。

- 我们已经仔细地讨论过了，是时候做出决定了。

避免事项

（1）无法回答的问题。要确保被辅导者可以回答所提问题。

（2）简单的同意或不同意的问题。除非这些问题后面紧跟着"为什么""什么时候""哪里""什么""谁"之类的问题，否则不会产生结果。

（3）模糊的、不确定的、模棱两可的问题。为了得到满意的答案，教练必须提出好的问题。有时需要调整问题，如果问题没有被立即理解，那么教练需要将其分解。

综上所述，不要尝试玩弄词汇或使被辅导者陷入一个错误的或误导性的问题。请记住：教练不是来证明是非对错的，不要让被辅导者在回答问题时感到恐惧。

在完成能力辅导后，教练需要协助被辅导者完成个人发展计划手册，（见表 5-20），一方面可以协助被辅导者有计划地落地，另一方面便于教练后期跟进和管控。

表 5-20　个人发展计划手册样本

	姓名		教练		发展计划周期	年　月　月
优势能力项						
待发展能力项						
待发展项	发展步骤					
	所需支持					
	阶段性成果					
	预计完成时间					

在能力辅导的过程中，能力上出现的问题往往是和个人价值观、个性、个人成熟度相关的，因而需要在辅导中加入提升格局和认知的辅导，这就是下面要提到的导师制。

导师制推动

导师制也称为政委制，帮助新员工实现从校园人到职业人的跨越，从"传道、授业、解惑"三个方面让新员工快速融入文化、掌握技能；帮助资深员工突破认知的局限，分析问题的深度和广度，使其职业发展迈上新的台阶。

同时，导师制还可以有效调动导师的积极性和能力，通过带人来提升自己的格局和领导力，为今后承担更大的职责做好准备。

（1）什么人可以成为导师？

同时具备以下条件的员工，有资格申请成为思想导师。

- 在本公司有一定的工作年限。
- 部门骨干，认同公司文化，有能力进行思想引导。
- 为人正直热情，责任心强，有较强的管理成熟度。
- 参加过"导师技巧培训及辅导"课程，掌握了合格的导师技巧。

（2）导师任期多长？能否更换？

- 导师任期从员工进入部门开始，直到员工转正或带教周期结束为止，如因工作变动，由前任和继任做好交接工作即可。

（3）如何对导师进行管理？

- 主要包括培训和评估两种方式，导师在上岗前必须完成"导师技巧培训及辅导"课程，并顺利通过课后考试拿到证书。特殊情况可先上岗，但必须在一定时间内完成培训并拿到证书。

（4）如何激励导师？

- 导师作为管理者晋升的依据之一：在同等条件下的候选人中，优秀导师或有导师经历者优先晋升。
- 优秀导师的荣誉认可：对于在导师工作中投入和产出较好的导师，给予各种荣誉的认可、导师资质证书及荣誉记录。
- 导师的物质激励：在带教期间，给予导师一定金额的导师费用，以及与员工的沟通经费（如吃饭、下午茶等）。

许多公司大力推行导师制，如阿里巴巴的政委制，可形象地总结为四个关键：揪头发、照镜子、摸温度、闻味道。

- 揪头发，就是知道你的上级在想什么，知道你上级的上级在想什么。上一个台阶看问题，把问题揪出来、揪上去；建立全局观，多方位、多角度考虑问题。
- 照镜子，就是认识真实的自己，肯定自己的优点，发现自己的短板。照镜子要照下属、自己、同事和老板，还要做到及时交流、定期回顾。
- 摸温度，就是需要及时感知这个团队状况：团队士气是否过于低落，是否需要设法振奋一下；团队士气是否高烧不退，是否需要降一下温等。
- 闻味道，就是每个组织都有自己的气场，管理者既要有敏感度和判断力，又要懂得"望、闻、问、切"。望，透过现象看本质；闻，感受，闻气味；问，沟通；切，以小见大，切中要害。

5.5.4.2　职业规划辅导

随着新生代进入职场，他们渴望更为多元的职场体验，希望在职业发展中体现自己的价值，找到自己的热爱所在，因而企业需要更加注重激活员工的内心。双轨（多轨）职业发展让员工愿意将企业的发展与个人的未来结合起来，激发出个人的热情和潜力。

基于此，越来越多的企业开始推动双轨（多轨）职业发展路径，给予员工更多的发展空间和晋升机会。双轨职业发展，就是说除管理者有晋升机会外，那些喜欢从事专业技术工作的员工也可以获得专业职级的晋升，和管理者获得同等的成长机会和薪酬待遇。多轨职业发展的发展机会就更多了。双轨职业发展参考样本如图 5-10 所示。

双轨职业发展的设计逻辑是从两个维度去思考职业发展和晋升通道的，参见图 5-11。一个维度是专业深度（从专业的细节到专业的趋势或标准），另一个维度是专业广度（从执行到战略及规划）。兼顾专业深度和专业广度的人才为规划层，偏执行和具体专业实施的人才为运作层，介于规划层和运作层之间的是管理层，以此逻辑来定义不同职业发展轨道上的定位坐标，让管理路径和专业技术路径的人才融合发展，都拥有自己的晋升发展空间，以及对应的激励和认可。

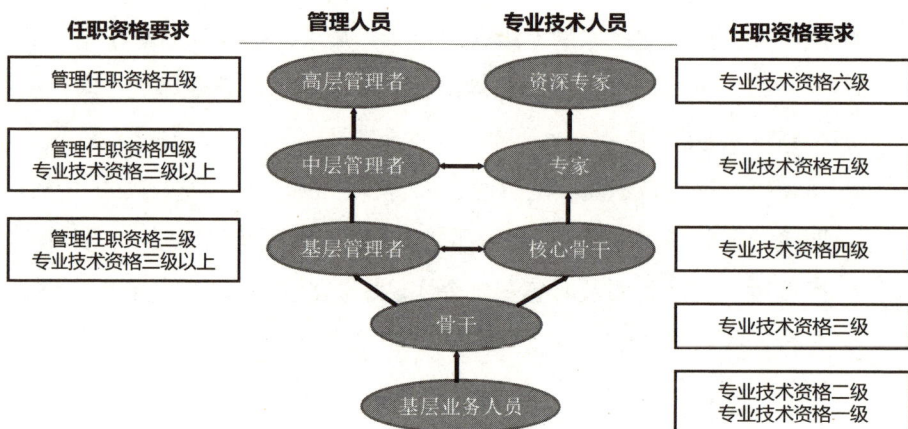

图 5-10 双轨职业发展参考样本

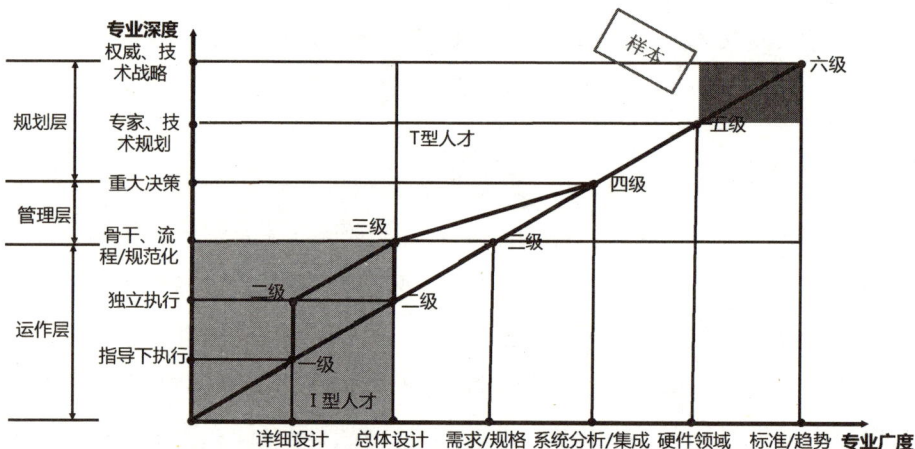

图 5-11 双轨职业发展设计方法论

与双轨（多轨）职业发展配套的发展技术是职业辅导。职业辅导的目的是通过与员工不定期持续沟通，引导员工思考长期职业规划，更好地认清自我并善用自己的优势，因势利导找到适合自己的未来定位，同时基于未来定位，分阶段、分步骤地推动职业目标达成，避免不必要的试错和无谓的尝试。

新生代更在意个人的职业规划，渴望探讨这个话题，但因为自我认知的偏差，他们对于未来的思考往往过于理想化，决策难免鲁莽和草率，易受到情绪和周围情况的影响。如何引导他们更为系统全面地思考？定期的职业规划辅导是人才发展重要的方法之一。

在进行职业规划辅导前需要做些准备，如完成企业双轨（多轨）职业发展路径的设计，让员工清晰了解企业给予员工未来发展的多种可能性，找到成功概率更高、成长更快的发展路径，以及基于职业发展路径所必需的能力路径，让员工明晰不同发展方向需要具备不同的能力。这有助于解决员工对未来职业发展的困惑。在职业规划辅导中，还要能准确判断员工个人能力的优劣势，思考适合他们的个人职业发展路径，以便在辅导时能更好地引导他们找到最适合自己的职业发展方向。

能力辅导+职业规划辅导步骤及话术，如表 5-21 所示。

表 5-21　能力辅导+职业规划辅导步骤及话术

步　骤	目　　的	时　间	建议沟通话术	所用资料
建立互信	融洽气氛使彼此互信	3～5 分钟	• 聊聊最近工作上的事情 • 谈谈被辅导者最近做得比较优秀或值得肯定的事情	—
分享企业战略方向及职业发展路径图，并询问职业期望	表达企业对于人才发展的重视询问职业发展期望	15～20 分钟	• 分享企业的愿景、战略，以及一些利好的消息给个人职业发展带来的机会，强调对于被辅导者能力提升和职业管理的重视 • 顺便分享一下自己在成长过程中的职业成长心路历程 • 请被辅导者分享一下自我职业发展的一些想法 • 讲解企业"职业发展路径图"的职业发展机会	职业发展路径图
给予被辅导者职业建议，并提出能力要求	给予被辅导者职业建议，并提出能力要求	15～25 分钟	• 探讨未来发展方向的可能性和能力要求 • 协助被辅导者了解能力现状并给予客观观察反馈 • 与被辅导者一起探讨基于未来职业发展目标的能力差距 • 协助被辅导者合理调整职业发展目标及期望（如有必要）	能力路径图

步　　骤	目　　的	时　　间	建议沟通话术	所用资料
解答异议，并给予能力提升建议方案	提供职业发展能力提升建议方案	10~15分钟	• 解答被辅导者对于职业目标、能力优劣、能力差距的疑惑 • 对于不同的想法给予理解和尊重，并提出个人看法 • 提供务实的建议方案，并询问被辅导者的想法和需要的支持	个人职业规划表
达成一致，并完成"个人职业规划表"	一起设定行动方案，并完成"个人职业规划表"	10~30分钟	• 协助被辅导者填写"个人职业规划表" • 协助被辅导者制订能力发展计划 • 询问被辅导者的感受，并肯定其对于个人发展的重视及付出的努力 • 总结今天达成一致的事情，并约定下一个阶段需跟进的事宜 • 承诺能够提供的支持，以及需要进一步澄清并提供的相关信息	个人职业规划表

5.5.5　场景五：绩效辅导

什么是绩效辅导

绩效辅导：指管理者与下属对一个考核周期内的表现结果达成共识，以促进绩效产出的强化或改进。在绩效辅导完成后，需要和被辅导者一起完成绩效改进计划，即根据员工有待改善的绩效指标，制订在一定时期内达成工作绩效和行为改善的计划。

绩效辅导的出发点

• 基于绩效问题。

• 通常基于做了什么事情。

• 目标设定是基于工作的需求。

• 现在的绩效表现对比现在的岗位。

- 期望的绩效表现。

绩效辅导的技巧和流程

绩效辅导可以遵循如下技巧和流程。

首先，需要和被辅导者沟通要设定的目标。可以通过以下问题的沟通，达成一致的目标。

- 你希望取得什么样的结果？
- 你之前有过类似的活动经历吗？
- 在三个活动中，你对自己最满意的是哪个？（价值评价）
- 有没有取得你理想的表现呢？
- 如果重来，你会有什么不一样的做法？为什么？
- 你想要从哪些方面加强？
- 你认为理想的表现是什么？
- 如果成为×××，什么能力是最需要加强的？

其次，一起来分析现状。可以通过以下问题启发被辅导者对于现状的客观分析。

- 你看到其他人采取了什么有效的方法/行动？
- 考虑到无法改变其他人或你自己所处的环境，你做了些什么？
- 其中一个选择是什么？为什么这样选择？
- 你遇到什么障碍？你当时是怎么做的？
- 你做了什么以实现你的目标？情况如何？
- 谁为你提供支持？实际情况是怎样的？
- 你碰到的挑战是什么？

最后，基于目标与现状之间的差距，和被辅导者一起去探讨可以改善的方法。

- 什么限制了你的表现？如何突破？
- 目前最令你满意的表现是什么？为什么？如何加强？
- 你运用了哪些技能？还有什么技能可以运用？
- 你发挥了哪些优势？还有什么可以提升？
- 你的自我评估、反馈、观察是什么？如何解决？

- 你从目前的活动中学到了什么？解决方案是什么？
- 你注意到哪些差距/弱点？如何解决？
- 在当前角色中，你能够培养哪些方面的能力，从而为实现目标做准备？
- 你如何做才能胜任你的当前角色/任何未来角色/项目？
- 采取什么行动去落地？
- 如果以 1～10 分进行打分，你对落实我们所讨论的行动的信心有多大？为什么？有什么方法可以增强你的信心？
- 你需要谁的支持或需要什么支持？如何获取并更好地落地？
- 过去是什么帮助你克服挑战并在困境中取得成功的？你的经验是什么？如何将这个经验应用到未来？
- 如果你必须挑战自己的极限，你会给自己提出什么建议？如何推动呢？
- 你预估可能遇到什么障碍？你打算如何克服？
- 是什么阻止你放弃这些行动的？
- 你如何追踪进度？你如何让他人更好地配合你？你如何确保计划更好地落地？
- 你打算什么时候采取这些行动？为什么？有什么风险？
- 我们应该什么时候检查进展情况？为什么？
- 你预判可能出现的最大风险是什么？你打算如何应对？

绩效辅导五步法：在绩效辅导过程中，可以遵循如下五个步骤，让绩效辅导更有结构性、更高效。

- 步骤一：问 KPI/完成好的有哪些。
- 步骤二：问 KPI/完成有待改善的有哪些。
- 步骤三：问有哪些价值观比较好。
- 步骤四：问有哪些价值观有待提高。
- 步骤五：问下一个阶段（月/季度）的工作重点有哪些。

绩效辅导的话术

绩效辅导的整个流程建议用时 60～90 分钟，可以参考表 5-22。

表 5-22　绩效辅导流程

辅导重点	目　的	用时建议	问题举例	建议人群
开场白	做好沟通准备，打开话题	1～2分钟	最近在做什么？我们一起来聊聊吧	所有员工
			你最近工作状态看上去不错，我们一起来谈谈吧	
工作环境	了解员工对新工作环境的适应程度，给予一定帮助，使其尽快融入团队	5～10分钟	对公司的感觉如何？对公司的制度、流程等了解得怎么样？和同事之间相处得如何？工作配合方面有没有什么问题	新员工
			对你的工作内容已经完全了解了吗？哪些符合你的预期，哪些对你而言挑战比较大	
			你现在的个人感受如何	异动员工
绩效目标	了解目前绩效目标达成情况	20分钟	针对设定的绩效要求，我们可以看到现在的差距是……，我们一起来看看存在哪些问题，有什么方法……	所有员工
回顾	回顾工作，寻找绩效提升点		目前看来，各项 KPI 达成都符合进度，我们来明确一下下一个阶段的重点工作和绩效目标	
			×××绩效目标进展如何？（如落后）是什么原因？碰到了什么问题？需要我协助什么	
价值观	肯定符合价值观的行为，纠正违反价值观的行为	10分钟	我发现你的……方面的想法，是符合/违反公司价值观的，这件事你怎么看	所有员工
肯定和改进	肯定员工优点，并鼓励其保持；指出员工不足，并帮助其改进	30分钟	我觉得你做得好的地方是……	所有员工
			有一些方面如果改善调整一下，结果会更好，如……	
员工发展	了解员工的成长，并给予指导训练	2～3分钟	这个项目/工作对你个人的成长有哪些帮助	所有员工
			如何能让你的工作变得更有效	
			你对自己的职业发展是如何考虑的	

续表

辅导 重点	目　的	用时 建议	问题举例	建议 人群
其他 建议	获取员工对于公 司、部门的一些建议	2～3 分钟	你对团队有什么建议吗？怎么 能让我们的团队工作更高效	所有员工
			你对目前的工作制度和流程有 什么建议吗	

5.5.6　场景六：文化推动

敏捷人才管理中一个非常重要的应用就是文化的推动和落地。什么是文化？文化就是一群人共同约定形成的、默认的共同思想和共同行为，是企业全体成员共同遵守和信仰的行为规范，是一个企业的"精气神"，即企业的情怀、行为习惯和个性气质。资源是会枯竭的，唯有文化才会生生不息，如图 5-12 所示。

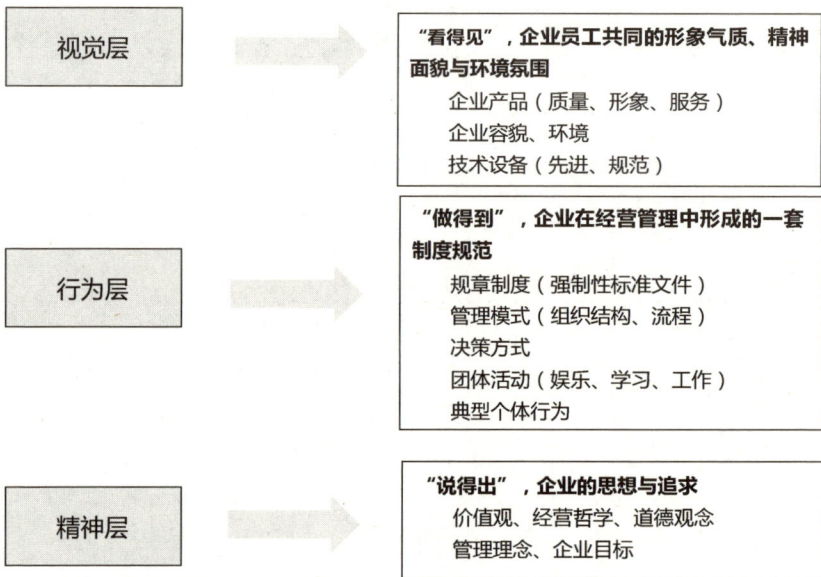

视觉层　➡　"看得见"，企业员工共同的形象气质、精神面貌与环境氛围
　　　企业产品（质量、形象、服务）
　　　企业容貌、环境
　　　技术设备（先进、规范）

行为层　➡　"做得到"，企业在经营管理中形成的一套制度规范
　　　规章制度（强制性标准文件）
　　　管理模式（组织结构、流程）
　　　决策方式
　　　团体活动（娱乐、学习、工作）
　　　典型个体行为

精神层　➡　"说得出"，企业的思想与追求
　　　价值观、经营哲学、道德观念
　　　管理理念、企业目标

图 5-12　生生不息的企业文化

文化很容易变成口号或"挂在墙上"。如何让文化真正落地？只要员工的行为能达成共识、形成习惯，文化就落地了。具体如何做呢？管理者示范

作用尤为关键。管理者的四个关键行为如下。

（1）管理者自身的行动和行为。如果管理者带头走到一线与客户交流，那么员工就能感受到客户导向的文化。

（2）管理者关注的重点。如果管理者认为培训很重要，他就会时不时询问培训的问题，并且有时间就会去培训现场分享经验，甚至亲自给员工上课，这无形中就传递给员工企业重视人才发展的文化。

（3）奖与罚。与文化一致的行为要及时奖励，与文化不一致的行为要给予处罚。例如，鼓励创新，就会设定创新奖、孵化奖等激励机制进行鼓励；反对管理者不发展员工，就会设定没有接班人就不能晋升等机制，强化员工对于企业文化的理解和认可。

（4）资源的分配。企业重视什么，资源就应该聚焦在哪些方面。如果企业重视人才，就应该给予更多物质激励、精神激励及制度的倾斜。

只要确确实实且持续地推动以上工作，就能让员工切实感受到企业的文化导向，员工就会朝着企业希望的方向去努力，就会不断展现企业希望的行为，久而久之，就形成了群体共有的行为，也就是企业文化。

许多优秀企业在文化落地推动上有许多实操经验值得大家学习及借鉴。例如，抓关键人群：领导者、管理者、新员工；抓关键场景：招人、开人、绩效谈话、新人培训；设计机制保障：奖惩机制、沟通机制、反馈机制。这些方法多管齐下、有机结合，文化就容易形成并落地。

5.6　热点项目设计及实施

5.6.1　新生代员工发展项目

数字化时代，企业越来越重视新生代员工的培养项目。新生代员工本身就是推动数字化转型的一个重要因素，代表着企业未来的发展潜力，而新生代员工的培养则是企业文化推动的重要抓手。

下面来认识一下新生代。

他们的优点很明显。

- 思想活跃,容易接受新事物。
- 接受的教育相对多,学习能力较强。
- 心态往往比较乐观。
- 爱好相对广泛。
- 容易接受感性沟通。

他们的弱点也很鲜明。

- 个性张扬,自我意识强,表现为强烈的反叛心理。
- 主动性不强,较难管理。
- 价值观多元化,感性思想占比较大。
- 独立性差,依赖性强,承受挫折的能力不强。
- 比较任性,很爱面子。
- 情绪很容易波动,表现为前一分钟崇拜,后一分钟变为藐视。

新生代与老一代的思维模式有很大的不同,这给新生代的培养带来了不小的挑战,主要体现在如下几点。

- **动力/价值观层面**:自我认知偏差较大,急于求成,缺乏对自我职业生涯的思考,稍显盲目或茫然。
- **个性层面**:坚韧性及抗压性不足,容易情绪化,没有耐心,缺乏一定的社会情商及组织情商,且自我反思能力不够。
- **能力层面**:由于年轻,专业基本功往往不够扎实,实战经验不够丰富,解决问题的思路和方法相对理想化和情绪化,不够全面和客观。

因而,在新生代员工的培养上,企业需要强调以下几个发展重点。

- 观念及态度的辅导,即协助新生代员工调整心态,塑造职业化观念,做好职业规划。通常采用导师(政委)制。
- 专业知识、技能及经验的强化、提炼和总结,强化底层方法论的深度理解和应用。
- 企业关系及人际关系的搭建,协助新生代员工提升人际成熟度,强化与团队成员、跨部门同事,以及上级领导、外部机构的沟通协作能力。

- 工作实操能力的提升，即协助新生代在实际工作中持续通过各种方法来提升实务能力，如解决问题的能力、项目管理的能力。通常采用训战结合的方法，即在培训中构建实战的场景，让新生代员工研讨或练习在该场景下的处理方式，并通过即时反馈促发新生代员工改变，最终学会"如何在实战中打仗"。

新生代员工发展项目设计模型如图 5-13 所示，针对新生代员工的特点，将三个维度作为发展重点，采用游戏化、积分制等符合新生代员工的特点和行为的方式来实施。

自我认知，思维转变

游戏化
积分制

快速融入，提升能力　　　　　　　　　　　　　导师陪伴，价值呈现

图 5-13　新生代员工发展项目设计模型

基于以上模型，如何设计一个具体的新生代员工发展项目？新生代员工发展项目设计思路如图 5-14 所示。

关键手法	社群运营	线上直播/线下培训	导师辅导
时间安排	入职2周内	入职6个月内	入职6个月内
工作目标	线上社群启动角色分工	依据新人入职的时间及成长需求，设立线上主题直播或线下培训课程，隔周一次	依据新人入职的时间及成长需求，设立线上自我认知导师辅导，隔周一次
关键活动	领任务、组队、擂台PK	知识讲解、测评解读、场景化训练	辅导、小组PK、群体赋能
输出成果	立规矩、营造氛围	新人快速融入的知识、技能、经验获得	自我认知清晰快速呈现工作产出

图 5-14　新生代员工发展项目设计思路

聚焦新生代员工入职 6 个月的成长历程，从文化融入、思维转变、价值呈现维度设计方案，该方案包含三个关键方法：社群运营、线上直播/线下培训、导师辅导。

社群运营

采用新生代员工喜欢的移动端社群运营的方式，协助其建立人际网络，快速融入企业，接受并认可企业文化。

具体来讲，从新生代员工彼此的关系建立，到人际网络建立，到团队解决问题的协同方式建立，以及认同并融入组织的文化，最终在 6 个月内实现员工与企业的共赢，提高员工的乐业度。新生代员工成长四阶段设计样本如图 5-15 所示。

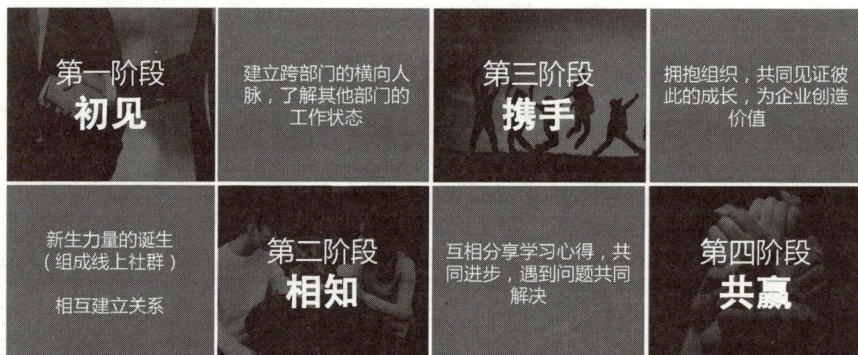

图 5-15　新生代员工成长四阶段设计样本

线上直播/线下培训

新生代员工的成长应从自我认知开始。如果没有客观的自我评价，就很容易眼高手低；如果没有对于企业文化的理解和认同，就很难产生归属感。这样不仅达不成高绩效，还会使新员工流失。

接下来，让新生代员工快速找到定位，发挥自己的能力。在工作中，不仅是员工自我设定的交付，更重要的是要和企业的方向、业务的产出、部门的定位及直接主管的思考相结合，并从主管的角度去交付和呈现，这样才能更好地体现个人的价值，也能得到企业、团队和他人的认可。

6 个月阶段设计样本如图 5-16 所示。

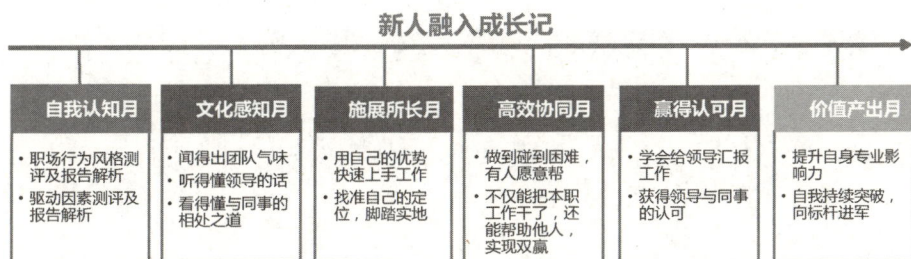

图 5-16　6 个月阶段设计样本

导师辅导

在新生代员工培养过程中，导师的作用是非常重要的。导师的定位更偏向思想工作，包括职业规划、文化融入、个人解惑、团队协同、认知格局的扩展。在资源允许的情况下，有些企业会配备双导师——思想导师和业务导师，也可以由一位资深导师兼顾两方面的功能。导师辅导的流程如图 5-17 所示。

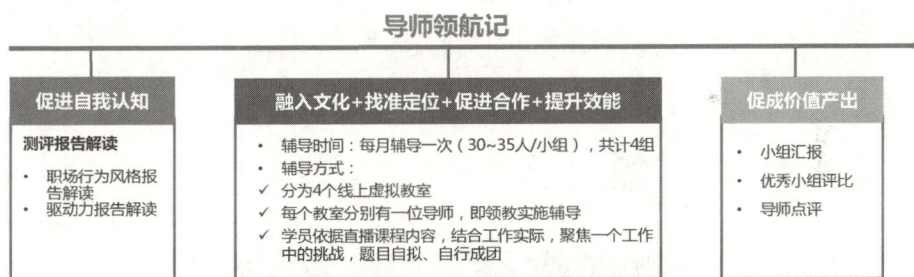

图 5-17　导师辅导的流程

新人成长之旅样本

依据新人入职 6 个月的成长规律和能力成长要求，搭建新人的成长路径。新人在每个时间节点上完成相关的任务，在得分合格后进入下一个环节的学习和任务，并获得相应学习积分，从文化到能力最后到价值产出，形成完整的成长闭环，如图 5-18 所示。

针对新人项目设计，之前建议采用积分制和游戏化的运营方法。积分制的设计要贯穿项目的整个环节，可参照图 5-19 的"最佳新人"成长路径积分规则样本。

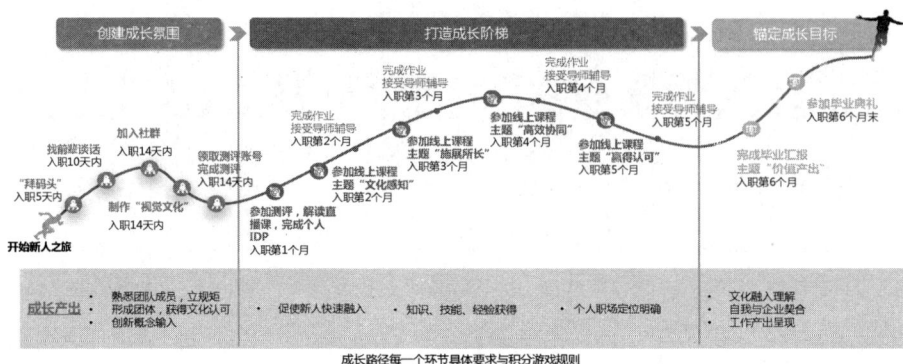

图 5-18　新人成长路径图

图 5-19　"最佳新人"成长路径积分规则样本

图 5-19 "最佳新人"成长路径积分规则样本（续）

5.6.2 数字化转型发展项目

VUCA 时代，数字化几乎是所有企业需要关注的方向，企业或多或少都会面临数字化转型的挑战。挑战举例如下。

- 如何建立共识和信心？
- 如何通过数字化提高运营效率？
- 如何实现业务持续增长？
- 如何设计组织推动转型改变？
- 如何加速组织数字化能力？
- 如何引入并保留领军人才？
- 如何发展并激励数字化人才？

数字化人才的定义

在启动数字化项目之前，要先清晰定义人群，因为只有人群定义清楚了，人才发展的针对性才会更为有效。数字化人才主要分为数字化领导者、数字化专业人才、数字化应用者，如图 5-20 所示。

数字化转型人才发展整体设计思路（见图 5-21）

首先，确定数字化人才的标准；其次，量化人才与标杆之间的能力差距；最后，基于能力差距设计并实施数字化人才转型发展项目。数字化转型人才发展项目按照人才的定义可以分为数字化领导者项目和数字化骨干人才项目。数字化领导者和数字化骨干人才是关系到数字化转型成功与否的关键人群。

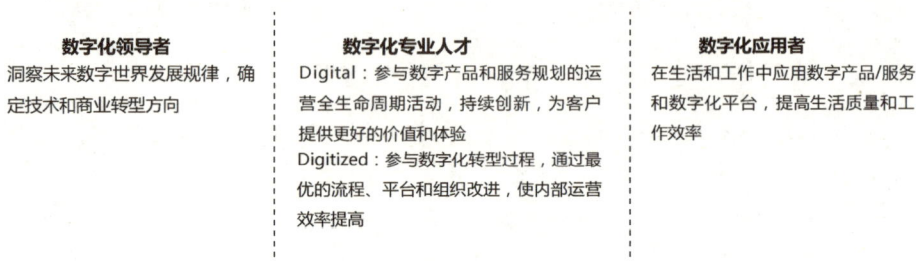

数字化领导者	数字化专业人才	数字化应用者
洞察未来数字世界发展规律,确定技术和商业转型方向	Digital:参与数字产品和服务规划的运营全生命周期活动,持续创新,为客户提供更好的价值和体验 Digitized:参与数字化转型过程,通过最优的流程、平台和组织改进,使内部运营效率提高	在生活和工作中应用数字产品/服务和数字化平台,提高生活质量和工作效率

图 5-20　数字化人才分类

工作模块	数字化人才能力标准	数字化人才测评	数字化人才培养规划
工作目标	厘清数字化时代下的人才战略	盘点分析组织现有的人才储备:人才数量、人才质量、能力差距	依据能力差距和业务需求,明确谁要学、学什么、怎么学
关键活动	数字化战略下的人才战略 核心人才能力角色与定义 数字化人才能力模型构建	组织人才盘点 能力差距分析 人才潜力分析	数字化领导者培养项目 数字化骨干人才培养项目
输出成果	核心人才能力模型	组织人才盘点报告	数字化领导者/骨干人才培养项目方案

图 5-21　数字化转型人才发展整体设计思路

数字化转型人才发展项目实施方案（见图 5-22）

数字化领导者项目聚焦商业洞察力、战略执行力、组织协同力三个关键维度。商业洞察力包含数字化转型战略、数字技术趋势、商业思维等;战略执行力包含战略规划、战略解码、经营管理等;组织协同力包含文化与价值观、人才管理、自我驱动等。这三个维度的发展可以提升管理团队对于数字化转型的动力、能力和经验。

数字化骨干人才项目聚焦核心技术人才,协助他们学习数字化时代的新技术、新知识,并善用数字化技术及专业提高工作效率和绩效。数字化骨干人才项目通常聚焦三个重点:数字化思维、解决问题思维、个人工作效能。

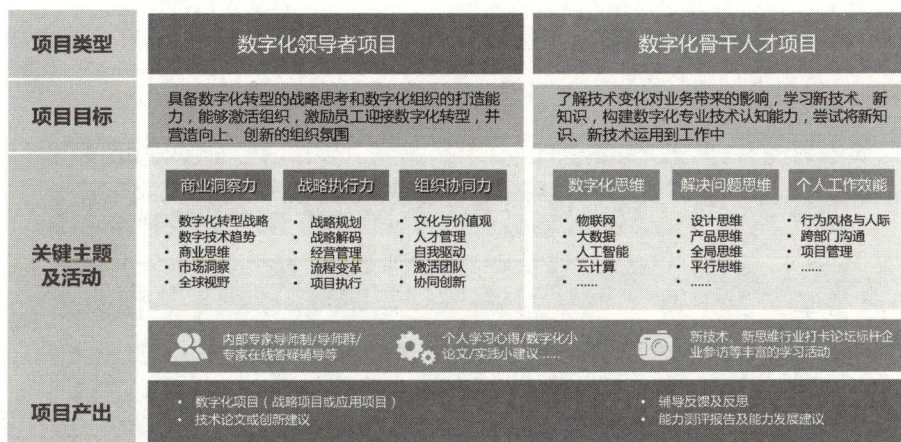

图 5-22　数字化转型人才发展项目实施方案

　　数字化项目不可缺少的是专业导师群的指导，无论是专业上还是思想境界上的突破，都需要大家多参与新技术和新趋势的行业论坛、大咖分享及标杆企业的成功案例学习。这些发展方法有助于数字化项目的推动。

　　数字化项目不仅要培养数字化人才的能力，还要提升学员运用所学协助业务发展的能力，如推动数字化的转型及创新项目、撰写技术创新小论文、推动技术创新的小应用等，让人才发展和工作实践有机结合，在鼓励人才发展的同时直接产出业务结果。

5.6.3　全球化发展项目

　　越来越多的中国企业开始推动全球化布局。在推动全球化的过程中，企业或多或少都面临着挑战，如对各个国家当地法令法规的了解、对于国际市场环境的理解、海外市场的战略布局、当地市场的经营能力、海外组织和团队的搭建、海外核心人才的储备发展、领导者的全球思维和文化融合，以及最基础的语言沟通理解能力等。如何应对和解决以上挑战呢？这就是在项目设计过程中需要面对并解决的问题，也是全球化发展项目对于企业的价值所在。

　　全球化领导力项目方案（见图 5-23）

　　企业要实现全球化，就要构建全球化思维，提升对国际市场及经营方式的认知，并建立全球化战略、机制及组织。全球化能力主要体现在三个关键能力：组织力打造、全球化业务能力、多元文化融合能力。

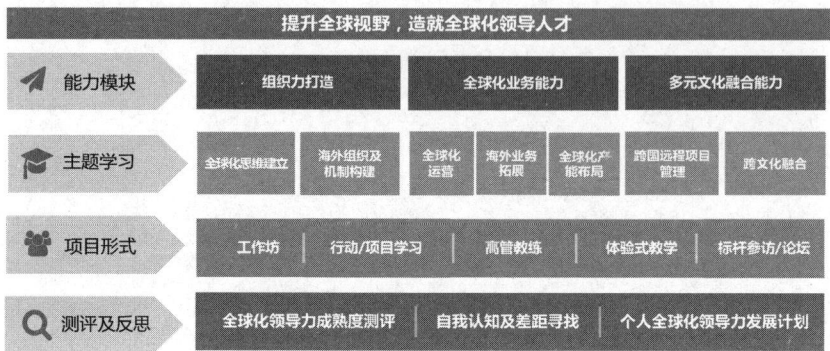

图 5-23 全球化领导力项目方案

组织力打造体现在核心管理层的全球化思维建立、海外组织及机制构建；全球化业务能力体现在全球化运营、海外业务拓展，制造行业还会涉及全球化产能布局；多元文化融合能力体现在跨国远程项目管理、跨文化融合等。

为了提升效果，全球化领导力项目通常采用混合式学习方法，通过全球化领导力成熟度测评、自我认知及差距寻找、个人全球化领导力发展计划的制订，以及工作坊、行动/项目学习、高管教练、标杆参访等多种方法加速核心员工全球化能力的提升。

5.6.4 领导力梯队发展项目

领导力梯队打造几乎是所有企业高层都非常关注的，因为企业的经营离不开核心管理团队，管理团队的强弱和稳定性决定了企业经营的品质及企业持续成长的可能性，管理层出现断层或后继无人对企业而言是风险极大的。如何源源不断地培养优秀管理者，让企业"良将如潮"，是领导力梯队发展项目的重要目的。

领导力培养的核心重点是什么呢？领导力是将一个人的视野提升到更高的层次，将一个人的绩效提升到更高的水准，塑造一个超越常规局限的格局。

不同层级的领导者对于企业价值定位的侧重点是不同的。高层管理者聚焦战略思维、愿景激励；中层管理者聚焦战略推动、团队协同；基层管理者聚焦目标达成、员工辅导。不同的价值定位对应不同的能力，同时辅以混合式的发展方法和自我反思，提升能力的同时强化管理者的格局和视野。领导力梯队发展项目框架如图 5-24 所示。

项目对象	高层管理者	中层管理者	基层管理者
聚焦重点	战略思维、愿景激励	战略推动、团队协同	目标达成、员工辅导
领导力要求	· 战略制定 · 驱动创新 · 建立联盟 · 流程制度化 · 变革管理/组织发展	· 战略承接 · 商业敏锐 · 资源整合 · 流程优化 · 人力配置/梯队发展	· 战略执行 · 创新思考 · 协同合作 · 流程管控 · 高绩效团队管理
发展方式	工作坊 | 行动/项目学习 | 高管教练 | 体验式教学 | 标杆参访/论坛		
项目产出	领导力项目　辅导反馈及反思　能力测评报告及能力发展建议		

图 5-24　领导力梯队发展项目框架

领导力梯队发展项目中会配置相对应的领导力分层、分级培训，培训主题分别对应战略、结果、资源和组织发展等领导力维度，结构化管理能力输入，架构管理者完整全面的管理认知和能力。领导力发展课程路径样本如图 5-25 所示。

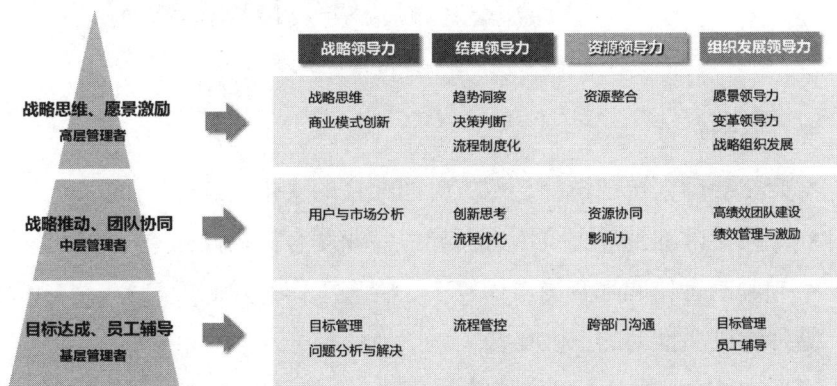

图 5-25　领导力发展课程路径样本

5.6.5　内部导师项目

"导师"这个词来自古希腊的《荷马史诗·奥德赛》。在特洛伊之战时，领兵出征的国王奥德赛要为儿子找一个有经验、有智慧且能辅助他成长的人，这个人就是女神阿塞娜化身的门徒。导师制古老的由来解释了这个词的含义：有经验、有智慧，亦师亦友，关注长期、未来发展和内在成长。这也是导师制和教练制的区别。教练制一般关注短期成长，以绩效为导向，教练通常由上级主管担任。

使用导师制的情况

- 招募新员工。
- 推行组织文化。
- 人才流失严重。
- 正式学习的补充。

导师制的常见流程（见图 5-26）

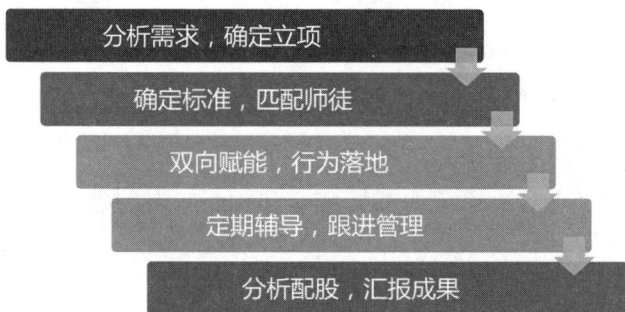

分析需求，确定立项

确定标准，匹配师徒

双向赋能，行为落地

定期辅导，跟进管理

分析配股，汇报成果

图 5-26　导师制的常见流程

导师制的难点

- 合格导师人选的选择，双方时间配合的安排。
- 不同导师的辅导方式因人而异，专业度有待提高。
- 导师制运作起来资源占用较多，管理工作量大。

导师制成功推动的三大秘籍

（1）导师的选择是导师制成功的关键。合格导师人选的画像如下：人品正直，企业内部尊重的资深人士，高层认可且与企业价值观匹配度高，具备较为成熟的领导力和较为充裕的带教员工时间。

（2）最好经过一定的导师技巧培训。导师技巧培训的方式宜轻不宜重，最好制作简便易懂的导师操作手册（包含实操的流程和话术）给导师使用，而不建议采用太多理论的培训及太复杂的操作要求。

（3）建议人力资源导师和业务/技术导师搭配，有效减轻其工作量和对于辅导技巧的要求。人力资源导师主要负责辅导的流程、步骤，以及技巧、文化、观念的辅导；业务/技术导师负责经验分享和解决方案提供。

5.6.6　内部讲师培训项目

内部讲师培训项目本质是通过搭建企业内部讲师培训体系及培养内部的专业讲师，直接对接业务需求，定制符合企业需求的课程。

内部讲师培训体系能帮助企业做到如下几点。

- 隐性知识显性化。
- 碎片知识体系化。
- 个体知识传承化。

什么是好的内部讲师培训课程呢？以学员为中心，以绩效为导向，密切联系业务场景，解决能解决的问题。一个完整的内部讲师培训项目里应该包含以下三个要素：业务需求端的对接、专业的课程讲义、专业的授课。

在整个内部讲师培训体系中，内部讲师培训的选拔和激励尤为关键。如何找到优秀的内部讲师呢？

可以将课程设计与开发的内部专家授证为第一批授课老师。一名优秀的内部讲师应具备三个关键点：主讲内容足够专业，基本的语言表达能力，态度积极主动、意愿度高。

内部讲师培训项目成功推动的秘籍

（1）内部讲师的激励和职业生涯规划。首先，选择对讲师这个职业有热情的人，因为这是无法培养的特质；其次，协助他们规划作为讲师的职业生涯，以及给予一定的物质和精神上的激励。

（2）业务/技术讲师的培养。在企业内部涉及业务和专业分享的时候，往往需要内部的业务/技术专家作为内部讲师，他们具备专业上的优势，但也有短板，如时间不够、授课技巧不强等。如何协助他们弥补弱势呢？

方法建议如下：可以将设计好的讲义框架给他们，他们只需要填写经验及专业的理解，降低制作讲义的难度，最大化发挥他们的优势，同时加强互动和专业点评的设计，因为这是他们的优势。

（3）课程设计及讲师搭配。善用业务/技术讲师的优势，通过课程的设计和彼此的组合，最大化和最优化课程品质的产出。专职讲师可以更多地承担流程引导、知识点讲授、活动带动等角色，业务/技术讲师更多地配合经验分享和点评。

5.6.7 行动学习

20 世纪 40 年代，"行动学习"理念出现。之后开始传播。该理念近年来在推动企业业务、发展领导力、解决关键问题等方面得到广泛应用。

什么是行动学习

简单来说，行动学习就是做中学、学中思、思后用。它能够在解决问题的同时，有效发展领导者、团队、组织。自"行动学习"的理念出现后，产生了各种流派，但无论哪个流派，都认同以下六要素。

行动学习六要素

问题：行动学习以问题、项目、挑战、机会、任务为中心。这些问题必须是真实存在的、重大又紧迫的，而且小组有责任去解决的，同时在解决问题的过程中，能够给小组成员提供学习和发展能力的机会。

行动学习小组：一般由 4～8 个背景多样、能够互相学习和互相激发的人员组成。他们能多角度思考，深层次探讨，共同努力来解决那些通常不容易找到方案的组织问题。

质疑与反思：这是一个富有洞察力和反思性倾听的过程。行动学习强调正确的提问比正确的回答更重要。正确的提问能够让小组成员先理解问题的本质，并通过对陈述和观点的质疑与反思，激发大家的深度思考、系统思维与真正的问题解决，以及自我学习。

行动：切实地对要解决的问题采取行动。小组成员必须有权自己采取行动，或者能够把自己的建议落地。如果只提建议而不能实践，就失去了行动学习的真实意义。行动强化了学习，并且为反思提供了坚实的基础。

学习：这里有两层意思，一方面，小组成员都要承诺全心投入学习；另一方面，在解决问题的过程中，行动学习要把重点放在小组和个人的能力发展上。这样的学习给企业带来的利益更大。

导师/教练：行动学习教练通过选择性介入和富有洞察力的问题，帮助小组成员在两个方面反思，他们正在学习什么？他们是如何解决问题的？此外，教练也会关注小组取得了什么成果，遇到了什么困难，正在运用的流程是什么，以及这些流程的影响是什么。

常见的行动学习流程（见图 5-27）

（1）问题陈述。

主持人说明问题，要求每个成员确定自己希望提升的能力。

（2）澄清/架构问题。

- 包括主持人在内的小组成员轮流提问，来深层澄清问题。
- 每次用 15~20 分钟，让小组反思流程与效果。
- 让每个人写下问题陈述并询问每个人。
- 促动小组达成共识。

（3）制订解决方案。

- 主持人把问题陈述转换为目标声明。
- 小组把问题转换为解决方式。
- 主持人说明解决方案。

（4）行动承诺。

- 你承诺什么？
- 其他成员是否有问题帮助你澄清？

（5）小组反思与学习。

- 我们小组是怎么做的？
- 这样做有何帮助？
- 我们学到的最宝贵的东西是什么？

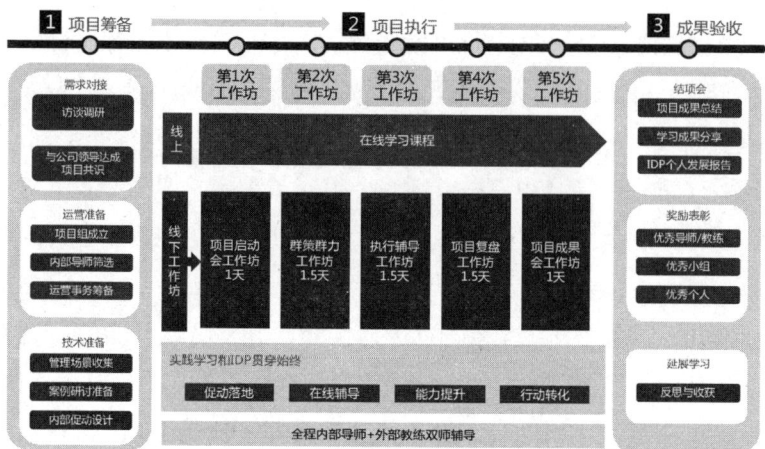

图 5-27　常见的行动学习流程

行动学习项目的注意点

（1）选择项目主题。

项目主题的选择是项目成功的关键因素。

首先，项目主题必须与公司战略方向、业务模式、创新突破或文化推动相关联。项目的产出价值不大就得不到业务高层的支持，没有了高层的重视和资源的倾斜，学员的动力就会受到影响，会造成项目先天不足且失败概率增大。

其次，项目的范畴和产出需要控制在有限资源、有限时间内可行的产出交付。要问自己一个问题，现在的资源能达成这样的产出吗？如果不足以支撑，就需要把项目的目标和产出再聚焦、再细化。

最后，项目实施前需要有效管理各方的期望值，将产出切分成阶段性的交付物，以确保项目成功交付。原则上，尽量规避项目主题与公司级项目或员工工作 KPI 完全重叠。因为 KPI 是工作应该完成的绩效产出，其项目交付目的性会更强，而发展项目最重要的目的是由"学中做"来培养能力、改变思维和提升格局，就算结果不完美，在过程中找对了方法和规律也算成功。因而，项目主题可以是未来性、创新性和变革性的项目选题。

（2）小组成员组建。

项目小组成员的组建也是行动学习成功的关键因素之一。组长尽量由配合度和专业度较高的人担任，组员也需要有机地结合项目主题进行配置。其中有一个问题需要规避，就是小组的项目是组长或某个组员的工作，否则，看上去好像特别有利于项目的达成，实际上会造成其他人员能力的无效培养，因为可能整个项目就由一个人承担了。

（3）建立支持体系。

如何做到在项目启动之初就建立支持体系，尤其是争取高层重视及资源倾斜呢？项目最好是由高层发起的或高层非常重视的，这样高层就愿意投入更多的资源，同时支持力度也就强了。

（4）专业教练引领。

项目质量的保证和专业教练的指导是密不可分的。如何配置专业教练？如何提高项目产出品质？高质量的内部教练是重点。人力资源要做的事情就是设计实用简单的框架和方法，节省他们的时间、发挥他们的优势，同时激发他们对项目辅导的兴趣。在项目主题的设计、分享的成就感、荣誉的给予，以及产出的肯定等方面都要多做思考，深度连接多方利益。

5.6.8　经验萃取

经验萃取的对象

经验萃取的对象是专家们在各种业务场景下的经验和技能，尤其是对公司业务价值影响大，但没有清晰框架和体系的经验和技能的提炼。在经过整理后，转化为最佳实践——存在某种技术、方法、过程、活动或机制，可以使生产或管理实践的结果达到最优。

适合进行经验萃取的方面

已知的问题、可复制的成功比较适合进行经验萃取。

经验萃取的常见产出

- 标准操作流程宝典类。
- 各种培训课程。
- 案例素材库。
- 帮助带教导师、管理者更好地进行辅导的相关资料。
- 各种方便员工工作的便捷工具，如话术、清单、表单等。

进行经验萃取的步骤

经验萃取一般要经过以下几步。

（1）需求分析。

这一步最主要的目标是先澄清"我们到底想要什么"，再来问"经验萃取能解决吗"。不要尝试不能"复制成功"的经验，不要去研究没有答案的问题，不要搭建对业务没有帮助的"花架子"。

（2）业务分析。

这一步主要分析业务的需求和痛点、还原业务场景、拆解出关键任务。需要注意，这一步中的访谈技术是关键。

（3）深度萃取。

三种方式的综合运用：研读资料、个人访谈、主题工作坊。无论哪种方式，都要用到底层的逻辑和技术，进行深挖、提炼、澄清与确认。

（4）交付产出。

不仅要用结构化的方式框定产出，还要从用户体验角度考虑什么样的表达对使用者最简明易懂，这样的产出才容易落地使用。

5.6.9 高质量项目运营

项目的高质量运营是为了确保结果的产出有效性。图 5-28 是金牌项目运营四步法，包括从规划到搭建，到实施，最后到评估。

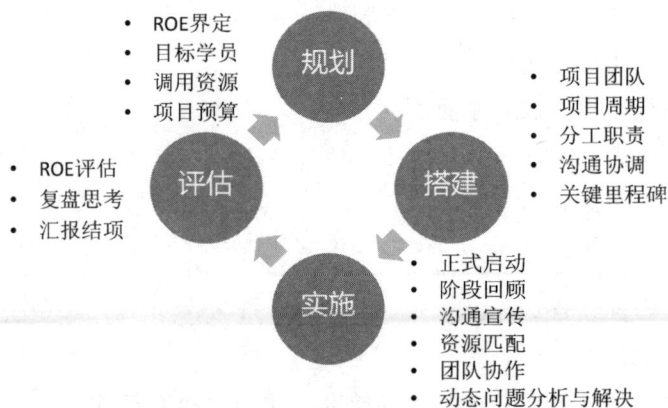

图 5-28 金牌项目运营四步法

1. 如何做让"用户"感觉更好

项目中的内部用户有学员、学员的上级领导、公司高层等。如何让"用户"感觉更好？这需要重点关注图 5-29 中的三个关键点：高层、学员、成果。

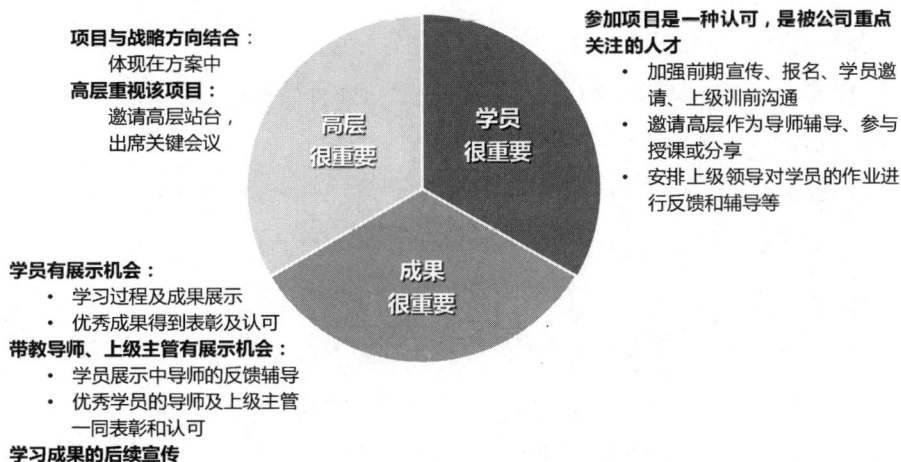

项目与战略方向结合：
体现在方案中
高层重视该项目：
邀请高层站台，
出席关键会议

高层很重要

学员很重要

参加项目是一种认可，是被公司重点关注的人才
· 加强前期宣传、报名、学员邀请、上级训前沟通
· 邀请高层作为导师辅导、参与授课或分享
· 安排上级领导对学员的作业进行反馈和辅导等

学员有展示机会：
· 学习过程及成果展示
· 优秀成果得到表彰及认可
带教导师、上级主管有展示机会：
· 学员展示中导师的反馈辅导
· 优秀学员的导师及上级主管一同表彰和认可
学习成果的后续宣传

成果很重要

图 5-29　让"用户"感觉更好的三个关键点

2. 项目运营的关键点

项目运营的关键点主要包括前期宣传、项目启动会、课程实施、过程辅导、总结和表彰。

前期宣传

宣传目的如下。

- 文化影响：宣传项目也是宣传公司重视人才发展的文化导向。
- 吸引主动：通过前期宣传，吸引学员主动报名参与。
- 感受荣誉：让报名成功的学员有荣誉感和被重视感。
- 持续关注：吸引其他未参与者的关注，推动后续项目。

宣传内容如下。

- 项目目标和收益：为什么值得参与？
- 项目对象：适合谁参与？

- 参与形式：如何参与？如报名需上级的推荐邮件。
- 投入资源：尤其是内部高层的投入，如导师、高管教练等。

项目启动会

参与人员：学员、学员上级领导、高层领导、人力资源部（如有咨询公司参与，可列席进行项目介绍）。

时间安排：40~60分钟。

目的：高层重视，即高层站台让学员了解项目的背景及高层的期望、重视，并亲自投入项目中。

项目说明：让学员及学员上级领导了解项目的目的及实施方式、流程等。

获得支持：说明项目中需要各级管理层给予的具体支持。

大致流程：

- 高层开场，说明项目目的、意义、期望等。
- 项目负责人（或外部顾问）介绍项目的整体情况和收益。
- 项目负责人提出希望获得的支持、希望协同的事项，明确后续的安排。
- 答疑环节。

课程实施

课程适配：课程内容设计、运用的案例、情境、实际演练等与学员的实际工作情境越接近越能提升后续的学习转化效果。

激发动机：对优秀学员的激励、学习成果展示等过程进行设计，以激发学员参与的热情。

设计实践：通过实践作业或对行动学习的设计，强化学员从理论学习到实践运用。

学员运营：用不同的形式增强学员间的交流互动，促进学以致用，如线下的小组讨论、线上的学习分享、优秀作业分享等。

过程辅导

目的：提升学员对项目发展能力更深入的理解，并在实际工作中加以应用和反思。

周期：通常每月 1~2 次，可在项目过程中或项目结束后再持续一段时间。

具体方式：每位学员会分配到一位内部导师，需结合项目中的发展能力开展一对一辅导。

管理方式：每次辅导完，由学员提交"面谈记录表"。

激励方式：优秀学员的导师一同参与激励表彰。

总结和表彰

参与人员：学员、学员上级领导、高层领导、人力资源部（如项目有咨询公司参与，可列席）。

时间安排：60~120 分钟。

目的：

- 验收成果，对学员学习及实践成果的评比、反馈，对学员、团队表现的评价。
- 表彰优秀，对学习过程表现、作业成果优秀的学员、团队、导师等进行表彰和激励。
- 持续发展，对有价值的实践成果持续推动落地，对有价值的经验、技能沉淀为组织智慧在内部分享与交流。

大致流程：

- 项目回顾（PPT 或视频）。
- 学习成果汇报（可按小组进行）。
- 导师点评。
- 表彰优秀学员。
- 颁奖及结训仪式。

第6章 大数据线上平台：
如何善用数据平台

数字化时代，人力资源领域不可比避免地要经历一场前所未有的"革命"。为了在日益激烈的"人才战"中抢占高地，越来越多的企业推动数字化的人才供应链思维，将数据分析应用到人才管理中。数据到底能够帮助企业在人才管理方面做出哪些更优的决策？人才发展如何跟企业的战略及业务对接？如何将企业战略与人才管理数字化相连接？基于此，有效利用人才管理的大数据系统推动人才管理数字化已经提上日程。

6.1 人才管理平台的价值

人才管理平台可以协助企业利用平台上沉淀的人才能力大数据快速实现人才建模、人才盘点和人才发展，以及大量的组织数据跟踪和分析，让大数据真正发挥在人才管理上的指导作用。

人才管理平台主要功能板块

人才管理平台功能板块包括：建模中心、盘点中心、人才发展中心、人才大数据分析系统，快速敏捷地实现人才发展的一揽子解决方案。人才管理平台模型如图 6-1 所示。

建模中心（快速建模）

为什么平台上建模不仅快速而且有效？因为系统中有大量长期研究并提炼出的能力大数据、上万定制量化的本土行为数据，所以系统基于咨询顾问的建模逻辑和思维的设计，可以协助企业轻松快速地建立企业自己的标杆人才能力标准。线上建模中心模型如图 6-2 所示。

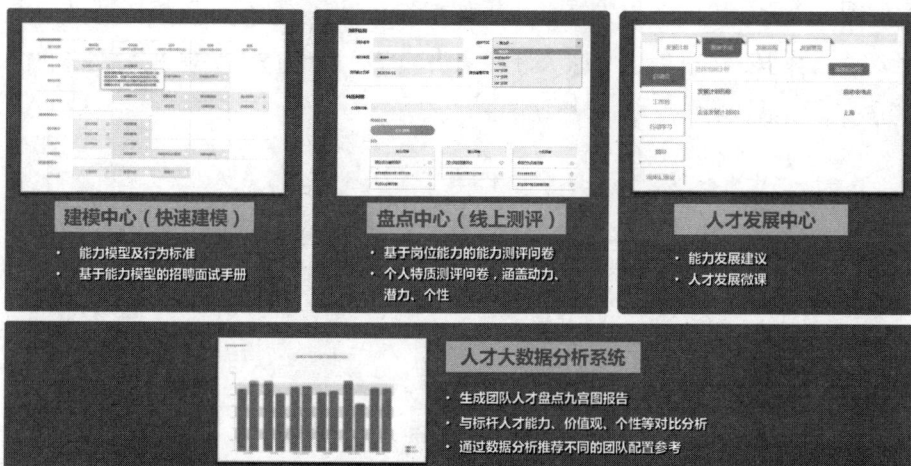

图 6-1　人才管理平台模型

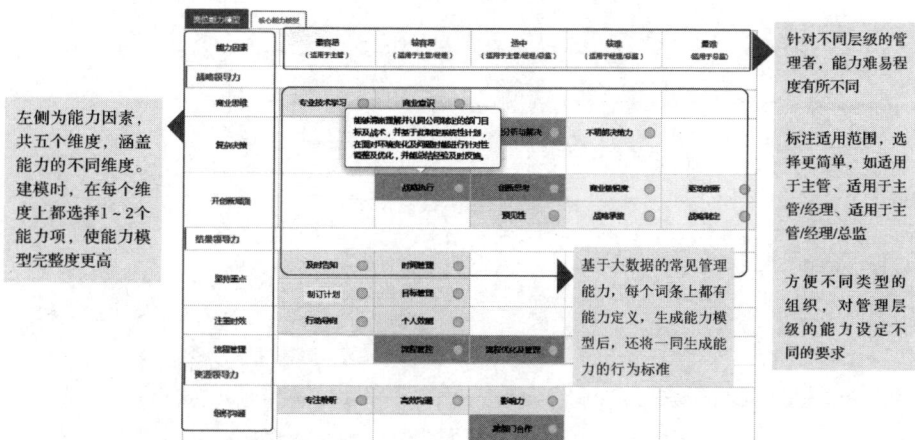

图 6-2　线上建模中心模型

盘点中心（快速测评）

系统可以让人才盘点变得很简单。人才管理平台可一键组卷，便捷地实施能力、动力、潜力、个性等线上测评，快速生成个人报告和团队报告。问卷组合系统如图 6-3 所示。

个人报告包含 180°～360°的能力报告、动力报告、潜力报告、个性报告，以及对应的改善建议方案。个人报告生成系统如图 6-4 所示。团队报告也会基于各维度进行团队的整体分析，以及梯队排名建议。团队报告生成系统如图 6-5 所示。团队报告维度分析如图 6-6 所示。此外，系统还可以导入团队绩效数据，快速生成团队人才盘点九宫图，协助企业实现人才数据的快速分析。团队人才盘点九宫图如图 6-7 所示。

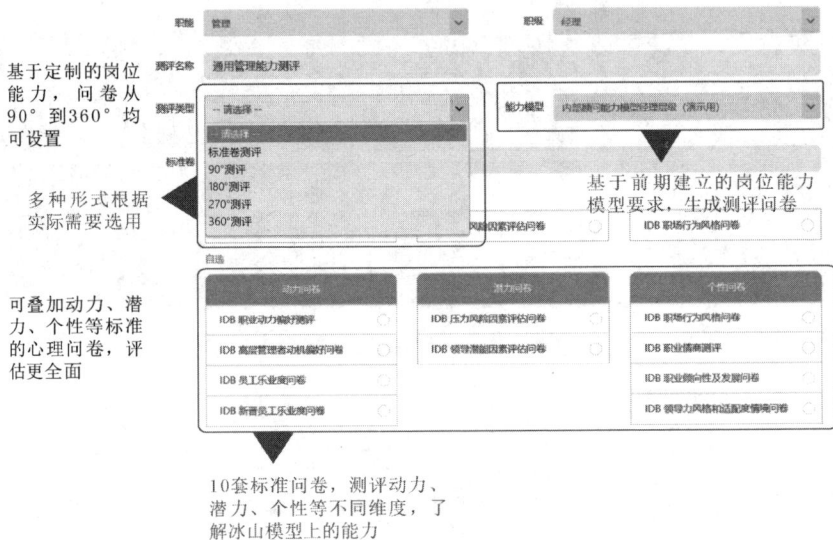

图 6-3　问卷组合系统

注：设置几份测评就生成几份问卷；通常不超过4份。

图 6-4　个人报告生成系统

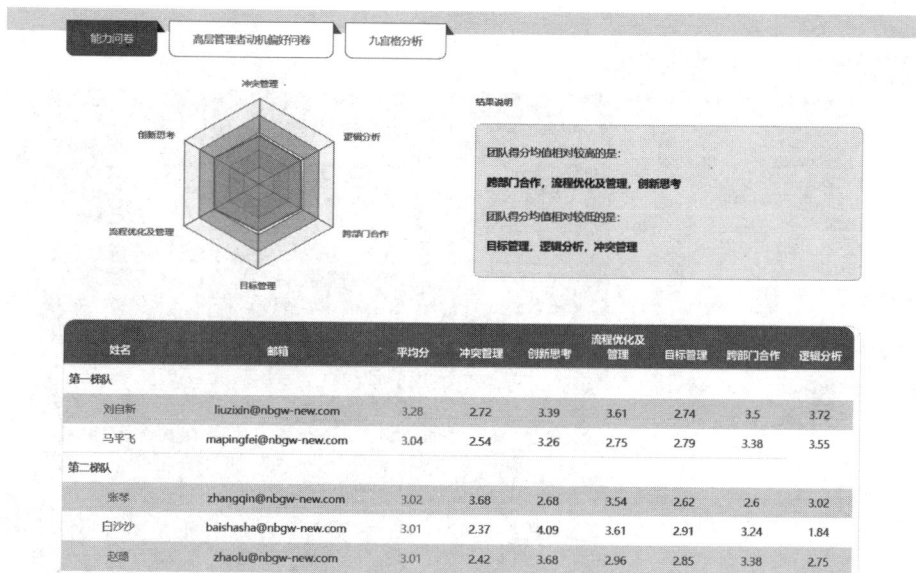

注：梯队分数区间的界定可自行定义。

图 6-5 团队报告生成系统

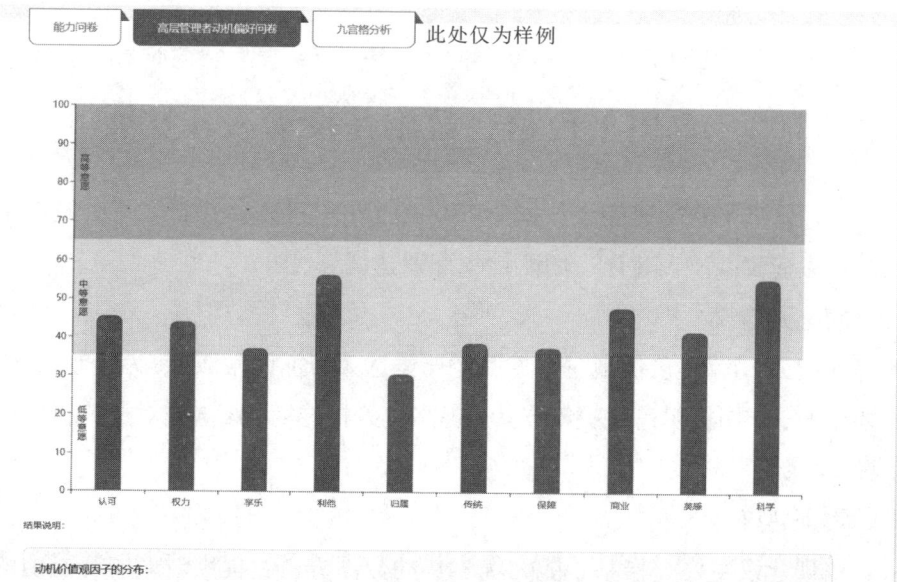

图 6-6 团队报告维度分析

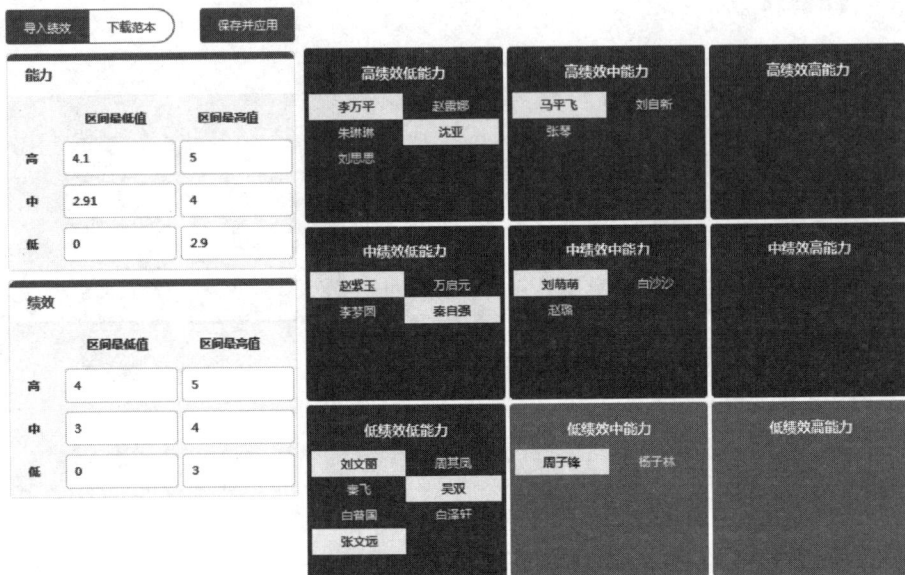

图 6-7　团队人才盘点九宫图

6.2　善用平台整合数据并推动人才发展

人才管理平台通过测评数据分析及 AI 精准匹配，提供针对个人及组织的候选人建议、培训建议、团队优化配置建议等。

候选人建议

从能力、个性、价值观三个方面对比候选人与标杆相似度，为企业招聘、人才晋升、调岗提供量化决策支持，提高决策精准度。候选人对标分析模型如图 6-8 所示。

培训建议

培训建议主要是指基于能力优劣势的数据分析，提供对应弱势能力的针对性培训主题建议。培训建议模型如图 6-9 所示。

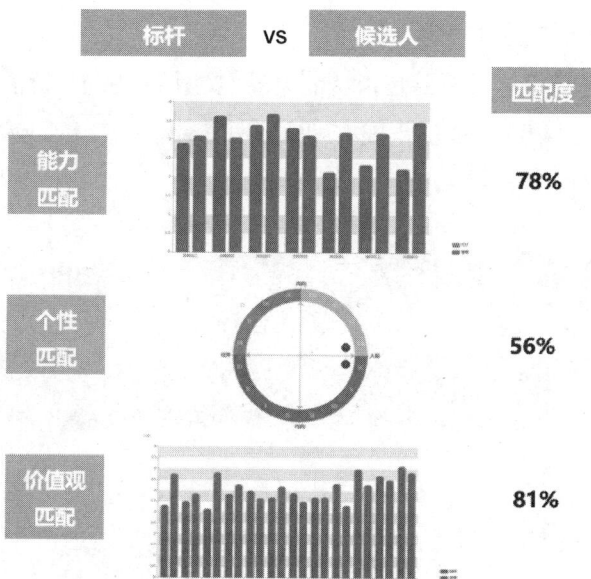

图 6-8　候选人对标分析模型

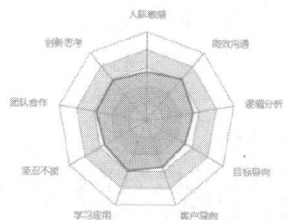

姓名	邮箱	平均分	人际敏感	创新思考	团队合作	坚忍不拔	学习应用	客户导向	目标导向	逻辑分析	高效沟通
第一梯队											
0204jishu	0204jishu@0204jishu.com	3.75	3.28	3.71	3.52	3.94	3.86	3.9	4.04	3.44	4.09
第二梯队											
0204xiaoshou	0204xiaoshou@xiaoshou.com	2.71	2.76	2.97	2.91	2.26	2.93	2.96	2.45	2.25	2.87
0204zhizao	0204zhizao@0204zhizao.com	2.6	2.17	3.59	2.68	2.38	2.43	1.96	2.12	2.91	3.15
0204gaojie	0204gaojie@0204gaojie.com	2.55	3	2.54	2.17	2.66	2.7	2.6	2.28	2.21	2.76
0204quanqiu	0204quanqiu@0204quanqiu.com	2.4	2.55	1.89	3.08	2.2	2.91	2.22	1.74	2.53	2.46

图 6-9　培训建议模型

团队优化配置建议

团队优化配置建议主要是指从能力最优、个性趋同、价值观趋同及人数最少四个方面，帮助企业优化现有团队、外招团队及项目团队的配置。团队优化配置建议模型如图 6-10 所示。

姓名	邮箱	平均分	逻辑分析	创新思考	目标管理	流程优化及管理	跨部门合作	冲突管理
团队1								
刘向新	liuxixin@nbgw-new.com	3.28	3.72	3.39	2.74	3.61	3.5	2.72
张琴	zhangqin@nbgw-new.com	3.02	3.02	2.68	2.62	3.54	2.6	3.68
白欢欢	baishuhe@nbgw-new.com	3.01	1.84	4.09	2.91	3.61	3.24	2.37
张文远	zhangwenyuan@nbgw-new.com	2.86	2.37	2.5	3.88	2.86	2.46	3.12
团队2								
马平飞	mapingfei@nbgw-new.com	3.04	3.55	3.26	2.79	2.75	3.38	2.54
杨子林	yangzilin@nbgw-new.com	2.98	3.22	3.9	2.15	2.92	2.79	2.89
沈亚	shenya@nbgw-new.com	2.87	3.29	2.42	3.42	3.04	2.74	2.31
周树凤	zhoushufeng@nbgw-new.com	2.78	2.91	2.79	2.63	2.75	2.21	3.42

图 6-10　团队优化配置建议模型

后　记
赋能组织及个体，成就企业价值

要想使人才管理成为人才战略的有效支撑，需要站在企业人才战略的整体层面去规划。基于此，我们20年来一直致力于赋能组织及个体，希望能成为助力企业转型突破的组织发展专家。

我们不断沉淀核心技术，拥有了完善的一站式解决方案和独立自主研发的数字化人才管理平台，拥有众多行业头部客户的成功案例，并申请了诸多产品专利，如敏捷人才管理理论模型著作权、人才管理数据盒数据库著作权、Talent+人才管理平台著作权。

我们独创敏捷人才管理理论模型：结合公司的战略、商业模式及文化特点，定人才、建标准、施盘点，最终推动业务发展，支撑公司战略落地。

我们还提出，盘点数据本身并不是人才管理的目的，最重要的是依据盘点的结果使企业的人力资产不断增值，让组织效能更为高效且更具价值。因而，分析盘点数据的意义尤为关键，甚至超越了数据本身。

我们始终坚持人才发展充分结合互联网及人工智能的技术，因而将20年来的专业技术和人才能力数据沉淀开发，形成了Talent+人才管理平台及核心人才大数据产品（包含管理、销售、技术、研发、产品管理、项目管理等30多条核心岗位序列大数据库）。

2010年，我们汇聚了来自互联网行业的人工智能（AI）顶尖研发人才及从事战略人才发展20余年的人力资源顶级顾问，进一步强化Talent+系统运用AI精准匹配目标人群与标杆的相似度，量化能力、个性、动机、价值观，在候选人匹配、培训建议匹配、团队配置优化、薪酬对标等方面帮助HR提高核心人才的选、育、用、留精准度，打造企业源源不断的梯队人才。

近年，我们还搭建了"云测评"系统，在传统的线上问卷测评中引入了视频会议系统，使高效度的线下评鉴中心得以线上化，推动企业更为便捷地开展人才盘点工作，为后续人才发展提供精准度更高的建议。

要想使系统发挥最佳效果，需要将系统与顾问的咨询服务相结合。Talent+系统在提供线上智能化服务的同时，与顾问团队咨询及辅导服务相结合，为企业人才的线上培养落地提供支持。同时，顾问团队丰富的项目经验不断丰富 Talent+的数据库，为 Talent+的不断优化迭代提供稳定且优质的数据来源，形成良性循环。

附录 A　标杆公司参考案例

1. 人才战略（定人才）样本

组织体系六大模块如图 A-1 所示。

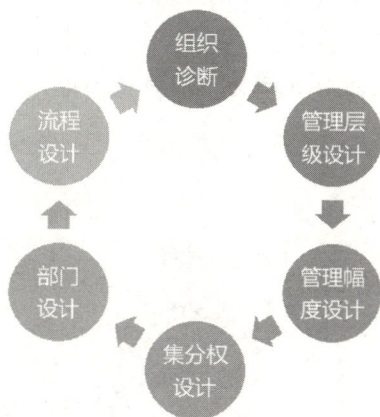

图 A-1　组织体系六大模块

七步流程如图 A-2 所示。

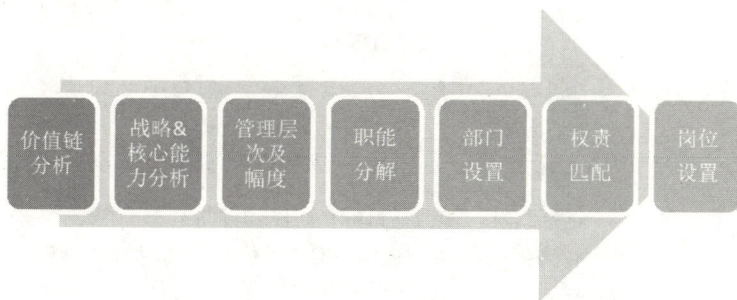

图 A-2　七步流程

对于制定人才战略，我们经常会使用的组织诊断模型是六盒模型（也称六个盒子）。六盒模型由 Future Search Network 联合创始人、宾夕法尼亚大学组织动力学教授韦斯伯德于 1976 年基于 OD 经验总结提炼而成。2010 年，六盒模型被引入阿里巴巴，经过阿里 OD/HRG 的具体实践之后，被广泛应用。

六盒模型是以组织内部视角不断检视业务实现过程的利器。它可以帮助组织"盘点现状""打开未来"，搭建现实与未来的桥梁；可以帮助建立业务团队、描绘组织全景，起到全面了解组织的作用。它是一种简单而实用的组织诊断工具和评估模型。

韦斯伯德将他的模型比喻成雷达屏幕，适时告诉人们组织发生了什么、什么是组织当下最需要重点突破的，不仅要关注单点，还要关注全景。

组织诊断是对组织业务进行系统评估并根据目标匹配度制定人才战略的组织诊断方法。如何运用六盒模型诊断组织现状？六盒模型诊断图如图 A-3 所示。

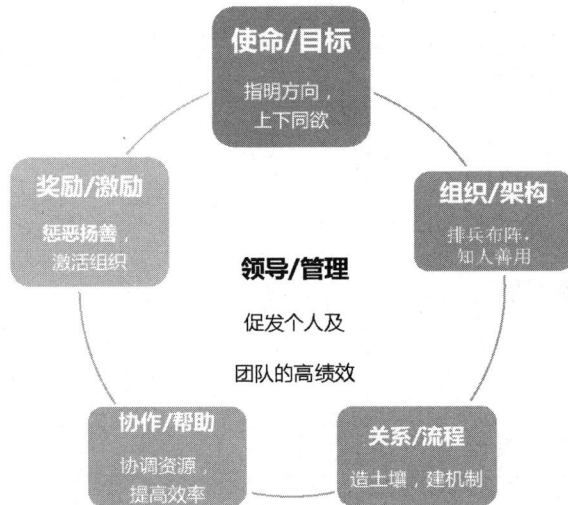

使命/目标：使命与目标是组织的方向
组织/架构：组织/架构如何支持使命/目标达成
关系/流程：组织中的合作关系及流程关系
协作/帮助：支持组织工作的系统和协作机制
奖励/激励：激发员工动力的奖励/激励机制和体系
领导/管理：确保以上五个盒子的平衡和产出

图 A-3 六盒模型诊断图

Box1：使命/目标诊断

使命/目标

- 对未来有明确的使命和愿景吗？让组织和团队认同了吗？
- 团队是否清楚地了解工作职责和价值定位？对目标是否认同？
- 团队中有多少成员参与了目标设定？
- 目标会影响销售及产品和服务的质量吗？
- 商业模式是否承接公司的战略和愿景？
- 想做什么和实际做什么之间有差距吗？

分析什么问题

明确性：使命与目标明确吗？清晰吗？（可以邀请团队成员共创，达成目标的共识）。

一致性：很多管理者认为，一线员工不需要知道战略，只管执行就行。实际上，离客户最近的是一线员工，当市场变化的时候，不能仅仅由高层做出判断，而要让全员都成为决策大脑。此外，一线员工如果理解公司战略，那么他们执行的效果会更好，效率会更高。

可探寻的问题

- 对于未来战略和公司愿景，组织有共识吗？共识点在哪里？
- 我们传递了什么公司价值？目标达成了吗？目标发生了什么变化吗？发生变化的原因是什么？
- 今年的业务目标是如何传递的？组织清楚并认同这个目标吗？不清楚与不认同的原因是什么？
- 核心客户是谁？如何定义客户？我们向客户交付的产品，达成了客户的什么价值？客户满意吗？

Box2：组织/架构诊断

组织/架构

- 组织架构是否符合公司战略？
- 架构如何影响公司的沟通？

- 正式和非正式架构有什么区别？
- 如何通过正式和非正式的架构确保组织效率？

分析什么问题

- 组织架构是否能够支持使命/目标的达成？需要怎样的架构去支持目标的实现？
- 组织架构中职责与分工是否清晰、合理？
- 核心部门的负责人是否胜任？

可探寻的问题

- 现有组织架构支持组织目标达成的差距是什么？
- 现有组织架构有哪些特别不流畅的地方及投诉和冲突最多的地方？
- 在现有组织架构中，哪些能支持目标的实现，哪些不能？该如何进行调整？
- 在现有组织架构中，哪些关键岗位主要承担着目标结果的达成？

Box3：关系/流程诊断

关系

在组织当中，人与人关系的存在是因为人们要在一起实现某些目标。关系分为三类：部门之间的关系、个人之间的关系、个人与工作性质和需求之间的关系。有些关系是互相制约的，这样的制约对组织是健康的，但对个人是有挑战的。

- 团队成员之间的沟通是否有效？
- 团队的氛围如何？
- 不同部门员工之间的沟通效果如何？
- 员工愿意合作吗？
- 员工的技能是否符合各自的职位？
- 有没有冲突？现有冲突是否得到有效解决？

分析什么问题

- 从业务流程角度看，工作流程的合理性、流畅性和协同性怎样？

- 衡量组织关系的质量如何？哪些好？哪些差？
- 团队用怎样的方式去解决冲突？是否有能力管理冲突？团队之间是否敢于坦承问题，是否互相信任？
- 哪些冲突有益？哪些冲突存在风险性？

可探寻的问题

- 过去工作有哪些冲突没有解决？对业务有哪些阻碍？
- 阻碍组织目标达成的瓶颈/痛点在哪里？
- 内外部客户是谁？客户的需求是什么？满足客户需求的业务流程是怎样的？在这个基础上，团队需要管理的重要关系有哪些？
- 哪些部门的冲突至今未解决？对实现组织目标有哪些影响？

Box4：协作/帮助诊断

协作/帮助机制

设定协作/帮助机制的目的是让组织中工作的人工作体验更好，主要包括信息流动机制、所有计划与反馈机制、预算机制、风险预警机制、审批流程、报销流程等。

- 有明确的计划和策略吗？
- 是否有效地使用预算和时间？
- 沟通效果如何？
- 是否有绩效评估机制？是否有风险预警机制？审批流程及报销流程是否通畅、高效？有定期的反馈及辅导机制吗？

分析什么问题

- 目前的机制，哪些有效？哪些无效？原因是什么？
- 哪些机制起负面作用？起负面作用的原因是什么？
- 哪些机制有助于团队和个人完成目标？哪些机制没有帮助？为什么？
- 对于协作/帮助机制，组织和团队的共识是什么？

可探寻的问题

- 在日常管理中，哪些机制起到了正向激励作用？哪些起到了反面作用？

- 日常有哪些重大会议？主要讨论什么议题？
- 管理者日常反馈和沟通的机制形式有哪些？
- 团队之间的沟通有哪些形式？

Box5：奖励/激励诊断

奖励/激励机制

- 奖励是否符合公司的目标和使命？激励是否推动了公司业务发展？
- 非正式鼓励和激励措施是否有效？
- 什么行动和成果需要激励？
- 人们认为什么激励是理所当然的？什么奖励是有价值的？
- 如何及时奖励团队成员？

分析什么问题

- 组织正式奖励与员工内心期待的匹配度如何？
- 激励什么？用什么样的形式传递？不同激励方式的效果如何？
- 是否所有的工作都需要奖励？
- 采用什么样的激励方式更有效？

可探寻的问题

- 目前的激励形式有哪些？员工认为在他们做了什么的情况下可以受到奖励？
- 对于目前的激励形式，员工怎么看？目前的奖励对员工产生正向效果了吗？
- 在日常管理中，哪些管理者的行为对员工的激励有效？
- 员工怎么评价管理者？

Box6：领导/管理者诊断

领导/管理者

领导/管理者们如何平衡其他五个盒子？若失衡，要采取怎么样的行动及时修正？这里的平衡指动态平衡（包括过程反思、团队成长、激发创新、团队氛围等）。

- 管理者是否理解并接受未来的使命和愿景？是否需要不断提醒员工所承诺的目标仍然有效？
- 管理团队是否正直诚信？
- 如何选择经理人？
- 公司的领导风格如何？团队的管理风格是否得到员工认可？

分析什么问题

- 领导团队如何定义使命/目标？做得怎么样？
- 领导团队如何让使命和目标贯穿于所有的计划过程？
- 领导团队如何保持组织的完整性？
- 领导团队如何激发组织的创造力？
- 管理者授权的能力和有效性如何？

可探寻的问题

- 对五个盒子做得如何？分别做出评估。
- 在日常管理中，哪些进行了授权？授权了什么？
- 管理层做了哪些行为对组织目标有一致性的认同？
- 领导团队对于创新有哪些关键举措？
- 管理层有哪些行为支撑着团队成长？

除了采用问卷形式进行六个盒子的诊断，还可以采用"六盒团队诊断工作坊"来实施，具体工作坊的操作步骤如下。

（1）澄清目标与流程：澄清本次诊断的目的，告诉业务管理者流程。

（2）确认参与成员：管理者、核心管理者（二级和三级）、关键岗位成员、一线员工。建议人数至少 24 人（分为 4 组，每组至少 6 人），否则，团队互动和信息量不够。

注意事项：工作坊的发起是因为业务需要。工作坊的核心是促进组织澄清的对话，目的是呈现事实而不是寻找解决方案。

工作坊实施流程

人数设置：分成 4 组，每组 6 ~ 8 人。

时间设置：2 天最佳，至少 12 ~ 15 小时。

实施步骤

第一步：由主持人介绍六盒模型（70~80 分钟）。

第二步：诊断事实，组织盘点。

小组分享：每个 Box 问题写在一张白板纸上，每次拿一个盒子，让小组讨论并分享（共六轮，六个盒子），50 分钟/组。其中 Box 1 挑战最大，用时最长。

大组分享：让小组的团队形成共识，形成 4 个突破点，最后，每个人分享收获与突破点是什么。

共同讨论内容如下。

- 业务团队的真实情况是怎样的？
- 日常管理中的盲点是什么？
- 需要改善与突破什么？
- 在组织发展方面最想做的是什么？

工作坊的核心是呈现事实，促进组织澄清的对话，而不是找解决方案。所有组织都会奖励解决问题的人，不会奖励定义问题的人，但在现实中，定义问题的难度高于解决问题。

第三步：由 HR 负责人、OD 协助业务管理者共同制订方案。在方案执行中不断用六个盒子集体反思组织状况，让大家知道自己现在在哪里。

"六个盒子"诊断策略图如图 A-4 所示。

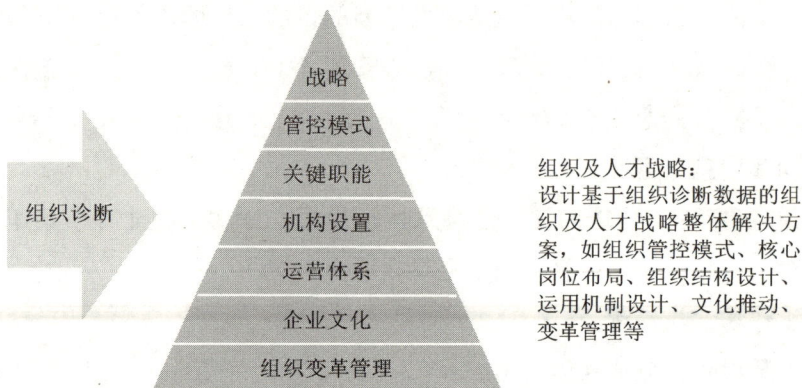

图 A-4　"六个盒子"诊断策略图

2. 快速建模（建标准）（样本）（见图 A-5）

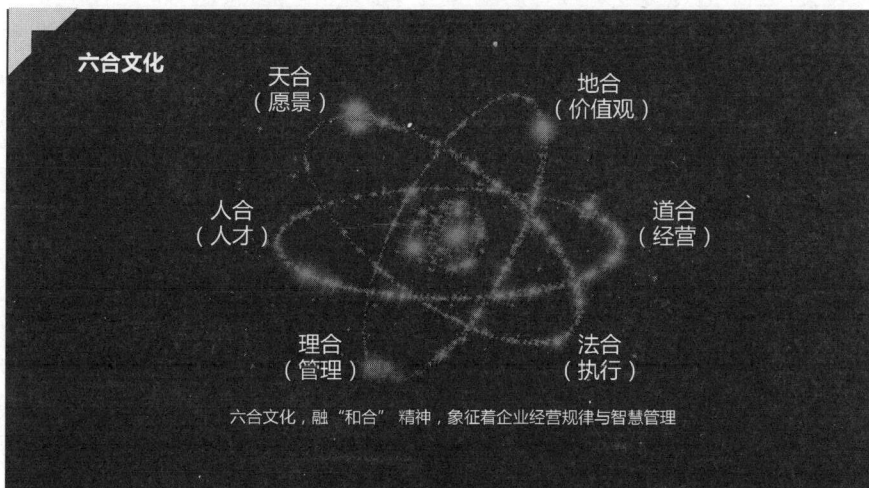

图 A-5　六合文化图

天合

使命：让信息科技带动人类社会的进步。

愿景：成为信息科技领域全球领先的产品与服务提供商。

地合

地合（价值观）图（见图 A-6 和表 A-1、表 A-2、表 A-3、表 A-4）。

创新进取	**开放包容**	**联合共赢**	**诚信求实**

山峰	海洋	森林	土地
象征不畏艰险	象征海纳百川	象征和谐生态	象征脚踏实地

图 A-6　地合（价值观）图

表 A-1　创新进取

价值观维度	详　　述
客户至上	• 把企业目标集中在客户身上，最大限度地寻求与客户的合作，围绕客户要求配置资源，为客户创造最大价值，通过客户价值实现企业价值（公司层面） • 为每一位客户提供优质的产品和专业的服务 • 充分挖掘客户需求，找到未被满足的需求并将之满足，或对已被满足的需求给出更好的方法
追求卓越	• 专注信息科技产业，技术领先，精益求精（公司层面） • 借鉴优秀的做法，为自己设定更高的要求 • 打破常规，居安思危，用更简单的方法或性价比更高的方法达成甚至超越目标
竭尽全力	• 全力以赴：以企业成功和工作结果为目标，自强不息，把 5%的希望变成百分之百的现实（公司层面） • 主人心态：把自己当作工作的主人，把企业的事当作自己的事来做 • 日新月异：今天的高点就是明天的起点

表 A-2　开放包容

价值观维度	详　　述
利他之心	• 追求天人合一，尊重自然、尊重科学、尊重法律与社会伦理，应用信息科技促进人类进步和发展，为人类造福（公司层面） • 事事以他人为先，理解他人的困难，帮助他人解决问题，在为他人带来利益的同时成就自我，以此获得事业的成功 • 心存关爱，团结互助，每天都要检查是否关心别人了
放宽眼界	• 以信息科技产业发展为基础，强化战略导向和产业布局，做大、做强（公司层面） • 迎接改变，与时俱进，积极求变，拥有全球视野 • 主动提升专业知识和技能水平，不断学习与完善
海纳百川	• 包容不同领域的特点，营造创新的企业氛围（公司层面） • 规避不足，换位思考，彼此尊重，崇尚礼仪 • 发挥长处，强强联合，乐天知足，彼此感恩

表 A-3　联合共赢

价值观维度	详　述
共生共创	• 联合一切可以联合的力量，建立产业生态平台，和合共生，树立行业标杆，接纳八方来源，终成其大（公司层面） • 共享资源，通过最优化配置资源或资源的争取，确保最大效能产出 • 共同承担，主动在合作中承担自己相应的责任，不畏缩，不逃避
精诚合作	• 以公司核心利益为出发点，上下同欲，团结一心 • 以终为始，闭环思维，以大局为重 • 理解他人的需求及利益，彼此融合，采取双赢策略
相互协同	• 向上思考：站在上级的高度履行职责，解决上级关心的问题 • 向下执行：管一层看两层，了解执行动态 • 互相补位：对自己工作负责的同时，对交接者的工作负责，对无明确职责的工作负责

表 A-4　诚信求实

价值观维度	详　述
责任为先	• 以带动人类进步和社会发展为企业责任，不断在信息应用领域进行技术和应用创新（公司层面） • 为走向全球而奋斗，为国家战略保驾护行，报效国家（公司层面） • 认同公司文化，维护公司整体形象及利益，对公司有担当
价值创造	• 回馈社会：持续创造利润回报股东，为社会创造价值（公司层面） • 成就客户：永远将客户需求放在第一位，快速响应，通过成就客户实现自身发展（公司层面） • 成就员工：以人为本，尊重员工，为员工提供更多的发展机会，营造公平、公正、公开的工作氛围，激励员工创造卓越业绩，实现员工的自我发展（公司层面）
实事求是	• 刨根问底：抓本质，凡事要求甚解，避免夸大其词、以讹传讹、草率下结论、不懂装懂、偷换概念、当信息二传手 • 结果导向：以事情的需求为导向，以结果为目标，重视目标实现的过程和指标 • 留有余地："做到十分，只说九分"，确保实现，确保求实

人合

人合（人才）：人才观（见图 A-7）。

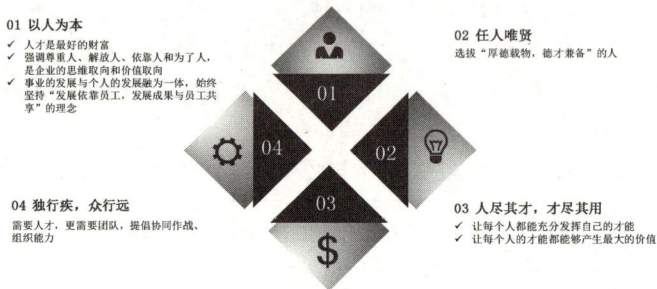

01 以人为本
- 人才是最好的财富
- 强调尊重人、解放人、依靠人和为了人，是企业的思维取向和价值取向
- 事业的发展与个人的发展融为一体，始终坚持"发展依靠员工，发展成果与员工共享"的理念

02 任人唯贤
选拔"厚德载物，德才兼备"的人

04 独行疾，众行远
需要人才，更需要团队，提倡协同作战、组织能力

03 人尽其才，才尽其用
- 让每个人都能充分发挥自己的才能
- 让每个人的才能都能够产生最大的价值

图 A-7　人才观

选人理念如图 A-8 所示。

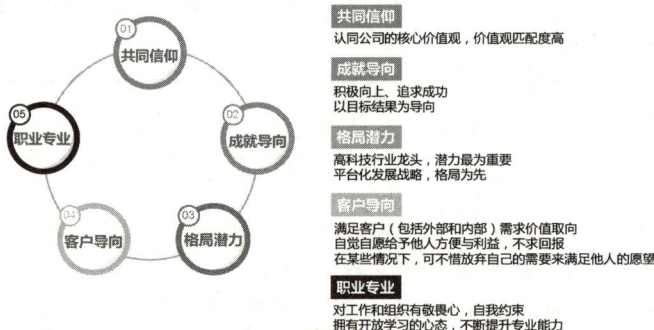

共同信仰
认同公司的核心价值观，价值观匹配度高

成就导向
积极向上、追求成功
以目标结果为导向

格局潜力
高科技行业龙头，潜力最为重要
平台化发展战略，格局为先

客户导向
满足客户（包括外部和内部）需求价值取向
自觉自愿给予他人方便与利益，不求回报
在某些情况下，可不惜放弃自己的需要来满足他人的愿望

职业专业
对工作和组织有敬畏心，自我约束
拥有开放学习的心态，不断提升专业能力

图 A-8　选人理念

人才发展理念如图 A-9 所示。

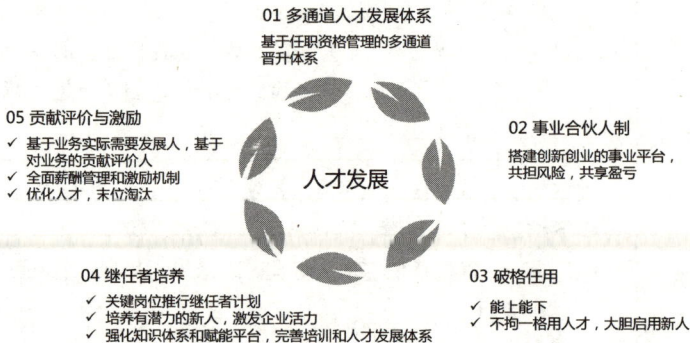

01 多通道人才发展体系
基于任职资格管理的多通道
晋升体系

02 事业合伙人制
搭建创新创业的事业平台，
共担风险，共享盈亏

03 破格任用
- 能上能下
- 不拘一格用人才，大胆启用新人

04 继任者培养
- 关键岗位推行继任者计划
- 培养有潜力的新人，激发企业活力
- 强化知识体系和赋能平台，完善培训和人才发展体系

05 贡献评价与激励
- 基于业务实际需要发展人，基于对业务的贡献评价人
- 全面薪酬管理和激励机制
- 优化人才，末位淘汰

人才发展

图 A-9　人才发展理念

道合

道合（经营）：经营逻辑（见图 A-10）。

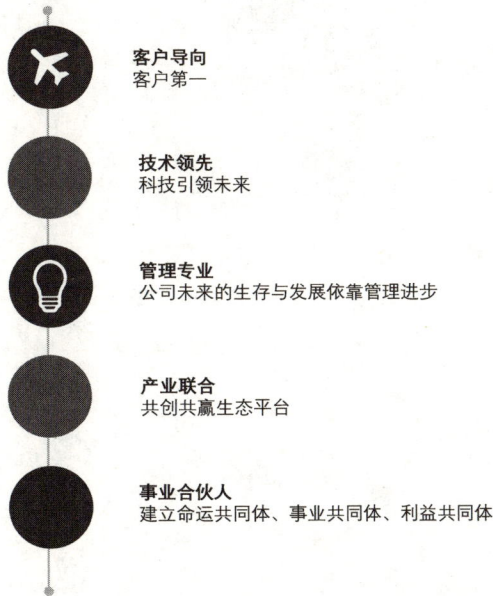

客户导向
客户第一

技术领先
科技引领未来

管理专业
公司未来的生存与发展依靠管理进步

产业联合
共创共赢生态平台

事业合伙人
建立命运共同体、事业共同体、利益共同体

图 A-10　经营逻辑

理合

理合（管理）：管理理念。

高阶领导力五要素如见图 A-11 所示。中阶领导力五要素如图 A-12 所示。工作六原则如图 A-13 所示。

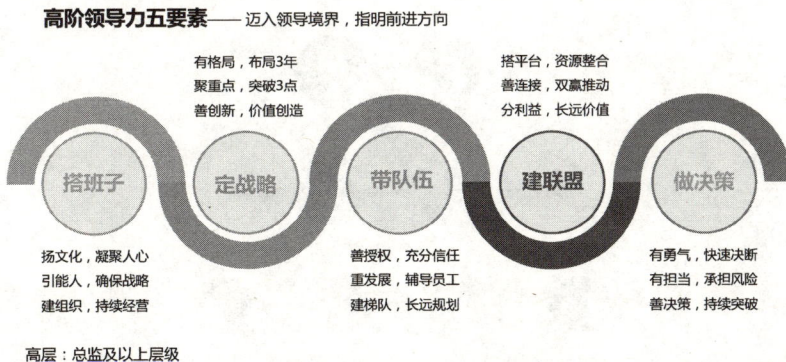

高阶领导力五要素——迈入领导境界，指明前进方向

有格局，布局3年
聚重点，突破3点
善创新，价值创造

搭平台，资源整合
善连接，双赢推动
分利益，长远价值

搭班子　定战略　带队伍　建联盟　做决策

扬文化，凝聚人心
引能人，确保战略
建组织，持续经营

善授权，充分信任
重发展，辅导员工
建梯队，长远规划

有勇气，快速决断
有担当，承担风险
善决策，持续突破

高层：总监及以上层级

图 A-11　高阶领导力五要素

中阶领导力五要素 —— 掌握中阶领导力五要素，确保协同力量

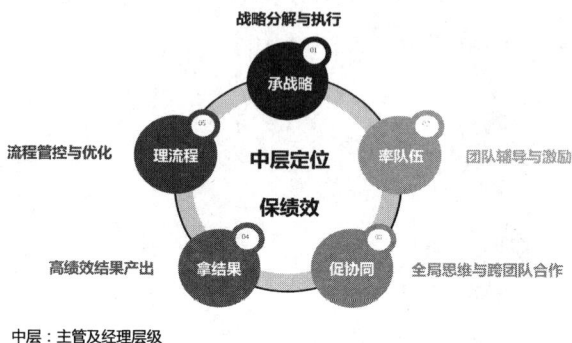

图 A-12　中阶领导力五要素

掌握"工作六原则"，打造团队基石

图 A-13　工作六原则

法合

法合（执行）：方法论。

执行四步方法论如图 A-14 所示。

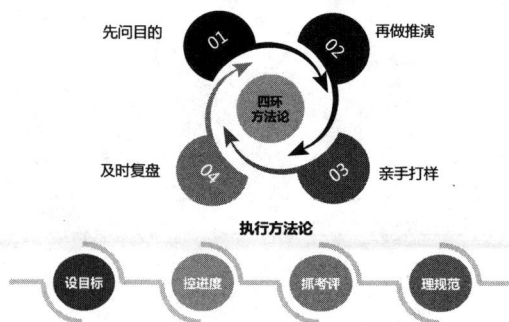

图 A-14　执行四步方法论

下面来看两个样本。

（1）管理能力模型样本。

某公司管理能力模型样本如图 A-15 所示，管理路径样本如图 A-16 所示。

M1	问题解决
M2	创新思考
M3	商业敏锐
M4	商业决策

思维领导力　　结果领导力

核心价值观

个人领导力　　团队领导力

M1	效能管控
M2	目标管理
M3	战略对接
M4	战略分解

M1	建立信任
M2	沟通影响
M3	协同合作
M4	资源整合

M1	人员辅导
M2	员工激励
M3	高绩效团队
M4	组织管理

图 A-15　某公司管理能力模型样本

管理能力路径图

关键绩效领域	思维领导力	结果领导力	团队领导力	个人领导力	核心胜任力
M4	商业决策	战略分解	组织管理	资源整合	敏锐学习 追求卓越 创造客户价值
M3	商业敏锐	战略对接	高绩效团队	协同合作	
M2	创新思考	目标管理	员工激励	沟通影响	敏锐学习 追求卓越 客户导向
M1	问题解决	效能管控	人员辅导	建立信任	

图 A-16　某公司管理路径样本

（2）销售能力模型样本。

某消费金融公司销售能力素质模型结构如图 A-17 所示，销售能力素质模型框架如图 A-18 所示，销售能力模型样本如图 A-19 所示，销售能力路径如图 A-20 所示。

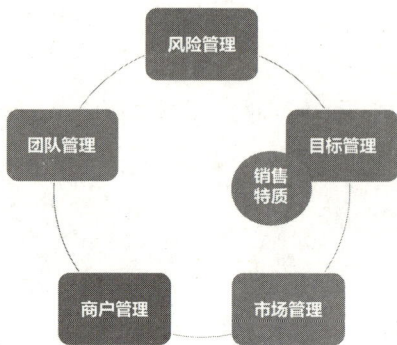

销售能力的6个要件为**风险管理、目标管理、市场管理、商户管理、团队管理、销售特质**,彼此相互交融又各有侧重

风险管理: 风险管理对销售团队而言至关重要。销售团队在完成销售目标的同时应该将风险降至最低

目标管理: 销售团队在开展销售活动时应该制定目标及计划,并通过高效的方式实现所制定的销售目标及计划

市场管理: 销售团队与客户及市场最密切的接触与联系,所以对于市场信息的收集反应及反馈,是公司战略达成的关键一环,也是不可忽视的能力之一

商户管理: 指销售团队如何与商户构建战略伙伴关系。与商户、客户共同成长是确保销售持续增长的关键

团队管理: 构建支撑销售业绩及战略目标达成的销售团队的能力,通过业务辅导与带教等行为,帮助团队完成业绩并提升团队销售能力

销售特质: 销售团队中的每位成员都应该有所需要拥有的特质

图 A-17　销售能力素质模型结构

关键绩效领域	销售层级			销售核心能力
	销售总监	销售经理	销售代表	
风险管理	城市风险预防(基于风控数据)	区域风险管控	风险识别应对	信任
目标管理	城市战术制定	目标分解及推动	市场/销售执行	承担
市场管理	市场商机预判	市场敏锐度		学习
商户管理	城市重点商户渗透	商户管理及开拓	门店客情维护	诚信
团队管理	高效销售团队建设与管理	业务辅导及能力发展	自我效能管理	创新
销售特质	热爱行业、乐观自信 (不可培养的能力,需要在招聘或培养前进行判断)			服务

图 A-18　销售能力素质模型框架

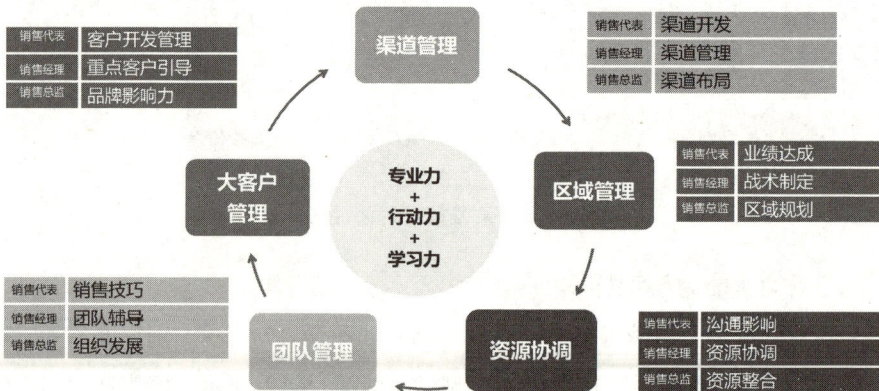

图 A-19　销售能力模型样本

图 A-20　销售能力路径

3．轻量盘点（施盘点）样本

管培生评鉴矩阵示例如图 A-21 所示。

设计原理：（1）对于管培生群体，更为关注其未来的潜力

（2）通过多种手法的结合，对其不同方面进行考查评估；工具可选择在校招中更易使用的

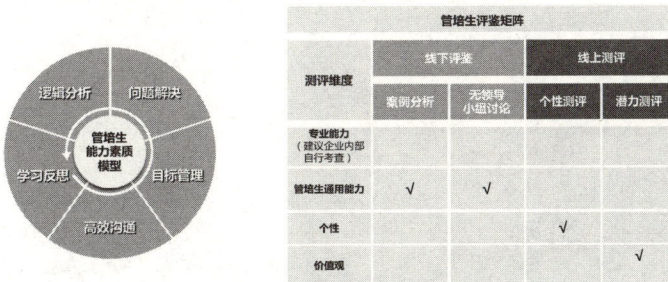

图 A-21　管培生评鉴矩阵示例

基层管理者评鉴矩阵示例如图 A-22 所示。

设计原理：（1）对于基层管理者，更为关注其执行并产出实际工作成果的能力

（2）通过多种手法的结合，对其不同方面进行考查评估；可结合对其过往工作经历的考查

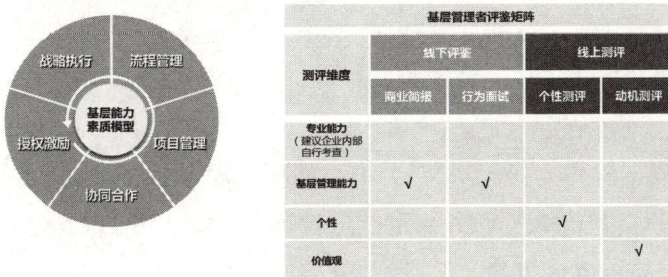

图 A-22　基层管理者评鉴矩阵示例

中层管理者评鉴矩阵示例如图 A-23 所示。

设计原理：（1）对于中层管理者，更为关注其承上启下的能力

（2）通过多种手法的结合，对其不同方面进行考查评估；要关注其重点能力的考查适配性

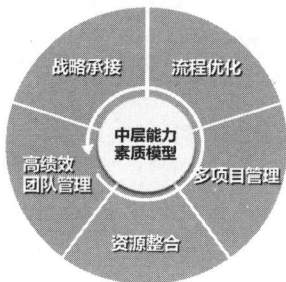

中层管理者评鉴矩阵				
测评维度	线下评鉴		线上测评	
	商业简报	角色扮演	个性测评	动机测评
专业能力（建议企业内部自行考查）				
中层管理能力	√	√		
个性			√	
价值观				√

图 A-23　中层管理者评鉴矩阵示例

高层管理者评鉴矩阵示例如图 A-24 所示。

设计原理：（1）对于高层管理者，更为聚焦其远见及价值观的方面

（2）通过多种手法的结合，对其不同方面进行考查评估

高层管理者评鉴矩阵				
测评维度	线下评鉴		线上测评	
	商业简报	压力面试	个性测评	动机测评
高层管理能力	√	√		
个性			√	
价值观				√

图 A-24　高层管理者评鉴矩阵示例

4. 业务推动（促业务）样本

"新挑战，新突破"高潜领导力项目的项目理念及框架设计如图 A-25 所示，项目整体设计如图 A-26 所示，项目计划时间如图 A-27 所示。

管理者所面临的挑战

思维格局的挑战表现在如下几方面。

- 经营者的战略观。

- 经营者的全局观。

管理高度的挑战表现在如下几方面。

- 管理的价值定位。

- 管理的资源协同。

自我担当的挑战表现在如下几方面。

- 自我认知与动力。

- 担当与责任感。

项目特色	**学习形式多样化，定期辅导助应用** 为期四阶段共9天的项目采用全封闭式教学模式，包含课程讲授、体验式教学、团队共创会、高管教练、白加黑（白天研讨、晚上完成作业）等形式，确保学员的深度参与。此外，每个主题之间还设置训后实践作业，并定期集中交流，给予反馈辅导，促进学习的持续落地
教学理念	· 基于团队初期面临的挑战和突破的人才能力瓶颈 · 促发自我反思及激发自我成长动力 · 训战结合，加速成长 · 内部高管教练赋能
核心手法	管理理念与知识输入　　实战工作坊（经营者商业思维、战略与战略路径、战略与组织能力，团队资源协同） 思维格局与商业思维提升　　心理测评反馈：认识自我，理解他人 外部教练：外部视角启发思考　　内部高管教练：拓展思维，赋能经验，文化传承，信心传递 实战实用，案例教学，标杆学习

图 A-25　项目理念及框架设计

挑战与突破方向 （基于访谈结果）		"新挑战 新突破"工作坊主体内容设计		
项目访谈及调研	经营者商业思维　商业力	商业画布工作坊（2天+1天开训）	内部实践与反馈辅导（0.5天）	高管辅导
	战略思考与策略　战略力	战略共识与战略分解工作坊（2天）	战略承接实战工作坊（2天）	高管辅导
	战略组织能力打造　组织力	高绩效组织/变革领导力（2天）	内部实践与反馈辅导（0.5天）	反馈及辅导
	管理沟通与影响力　影响力	高管影响力/团队协同（2天）	内部实践与反馈辅导（0.5天）	反馈及辅导
IDB Talent+ 线上及线下测评平台& 大数据分析 个人报告/团队报告/组织报告				

图 A-26　项目整体设计

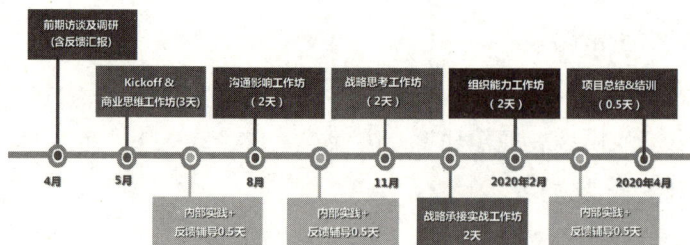

图 A-27　项目计划时间

项目目标

管理格局提升主要包括如下几方面。

- 战略思考与商业思维。
- 领导力与组织能力打造。
- 团队资源整合与协同。

成长动力激发主要包括如下几方面。

- **能力**：通过经典理论学习、标杆实践借鉴、高管教练。
- **动力**：通过自我认知与反思。
- **突破**：通过高管教练赋能、标杆学习。

项目五大亮点

亮点一：定制工作坊及实际案例探讨。

针对核心管理团队面临新挑战遇到的实际问题和痛点，有针对性地进行工作坊设计、标杆案例分享及实际案例探讨。

定制工作坊：依据发展战略，有针对性地设计基于领导力能力突破的工作坊，包括商业力工作坊、战略力工作坊、组织力工作坊、影响力工作坊。

亮点二：结合实际工作的实践作业。

课前，学员完成与实际工作相关的作业，并带到课堂上与同学和公司高管共同探讨；课后，继续完善，并落地应用。

（1）战略承接课后作业。

- 阐述公司 3～5 年的战略目标，以及 3 年的战略实施路径重点的理解和面临的挑战。
- 阐述在战略推动过程中对业务模式或业务突破思考的理解。

- 阐述基于对公司战略和商业模式的理解，所分管工作承接战略的工作重点及确保战略落地的关键推动步骤。
- 基于战略规划，请阐述可能遇到的风险因素分析及应对预案。

（2）组织及团队承接课后作业。

- 公司的战略目标。
- 基于战略，阐述组织的 3 年发展策略、每年的推动重点或关键事项。
- 阐述组织打造的关键实施步骤，以及整合资源确保落地实施的方法。
- 阐述布局组织配置、文化建设、团队激励、人才梯队和能力建设的方法。
- 基于组织实施步骤，阐述可能遇到的风险因素及应对预案。

亮点三：集体探讨及激发思考。

课后定期集中学员将课后的实际落地情况在工作坊中和同学、高管及顾问进行探讨，采用群体反馈的方法，以促进更多思考和落地。

实践后的探讨与反馈：将实际工作过程中对亮点、难点、困惑点的交流探讨，形成"良师"（公司高阶管理者）、"益友"（同期管理者）之间共同的语言、心力和能量场。

亮点四：高管教练/外部教练。

在工作坊中，运用高管教练/外部教练辅导的方法，现场引导、启发和辅导学员思考。

高管教练/外部教练现场赋能：运用高管教练/外部教练辅导方法，对学员作业进行提问及点评，以帮助学员突破思维困境，提升思考深度和思维广度。

亮点五：心理测评触发反思。

在项目中，采用行为风格、驱动力因素等高效度的心理测评，并通过群体反馈的方式，促进自我的认知和对他人的理解，增进信任，改善沟通风格。

线上心理测评+线下群体反馈：进行统一的测评、群体的解读和反馈，让学员在轻松的氛围中认识自我、理解他人，从而在工作中更好地协同。

项目具体实施计划如图 A-28 所示。

环　节	内　容	产　出	时间点
访谈及问卷调研	针对核心人员的一对一访谈 通过问卷形式进行意见收集	访谈及调研报告	1月中下旬
Kickoff 及创新力工作坊	DAY1： 上午：Kickoff+团队破冰和团队游戏 下午：现场测评+群体反馈 DAY2、3： 课程"商业画布"：共同探讨细分用户、价值定位、渠道、客户关系、核心资源、成本结构等内容，提升商业思考格局	参与学员的测评报告 各组完成的商业画布 学员测评报告	2月
训后作业	小组成员完成训后作业 在4-6周后，集中安排线下辅导工作坊，针对作业或实践提供辅导（0.5天）	训后作业	3月
影响力工作坊	DAY1： 课程"魅力影响力"：识别和管理情绪，掌握有效的情商管理策略 DAY2： 共同探讨公司内部希望的沟通方式和不受欢迎的沟通方式，统一沟通方式，设定底线	统一的管理沟通探讨	4月
训后作业	小组成员完成训后实践 在4~6周后，集中安排线下辅导工作坊，针对作业或实践提供辅导（0.5天）	训后实践	5月
战略力工作坊	DAY1： 课程"平衡记分卡"：企业战略规划及实施路径 晚上作业：写出 2020 公司的 BSC DAY2： 战略发表会：每个人上台展示，并有高管教练和外部教练给予点评或反馈；结束后，根据大家的反馈再次优化	公司的战略共识 教练现场的观察反馈	6月
战略承接实战工作坊	完成部门的 BSC 在2~3周后，集中安排2天的战略承接实战工作坊，就部门级的 BSC 进行沟通和交流	部门的 BSC	7月
组织力工作坊	DAY1： 课程"愿景领导力"或"高绩效团队"（根据前期反馈定制课程内容） 晚上作业：如何承接基于战略的组织能力 DAY2： 战略发表会：每个人上台展示，并有高管教练和外部教练给予点评或反馈	所在部门的组织能力打造计划 教练现场的观察反馈	8月
训后作业	小组成员完成训后实践 在4~6周后，集中安排线下辅导工作坊，针对作业或实践提供辅导（0.5天）	训后实践	9月
毕业总结，结训	结业汇报：项目中的成长和收获，在工作中的运用情况 颁发结业证书 评选优秀学员	—	10月

图 A-28　项目具体实施计划

项目产出如下。

- 一对一访谈及访谈纪要。
- 两套调研问卷设计（n-1 层/n-2 层）。
- 线上问卷实施。
- 调研问卷数据 1 份。
- 访谈及调研整体反馈报告。
- 访谈及调研结果高层反馈（0.5 天）。
- 工作坊实施 11 天（含部门战略拆分 2 天）。
- 线下反馈辅导 3 次（0.5 天/次）。
- 结训仪式（0.5 天）。
- 心理测评问卷，每人两套。
- 学员个人测评报告，每人 1 份。
- 组织分析及建议报告。
- 组织分析及建议报告高层反馈。

参考文献

[1] 彼得·德鲁克. 管理的实践[M]. 齐若兰, 译. 北京: 机械工业出版社, 2018.

[2] 威廉 A. 科恩. 德鲁克论领导力[M]. 黄京霞, 吴振阳, 等译. 北京: 机械工业出版社, 2011.

[3] 刘慈欣. 三体[M]. 重庆: 重庆出版社, 2008.

[4] 查尔斯·汉迪. 第二曲线: 跨越"S 型曲线"的第二次增长[M]. 苗青, 译. 北京: 机械工业出版社, 2017.

[5] 安迪·格鲁夫. 只有偏执狂才能生存[M]. 安然, 张万伟, 译. 北京: 中信出版社, 2014.